75歳・心臓身障者の
日本百名山・百高山単独行

真木 太一
Maki Taichi

海風社

写真1. 夏でも残雪の多い魚沼(越後)駒ヶ岳(2002m)(2016年6月4日)

写真2. 鳥海山(新山2236m、左)と七高山(2229m)間の雪渓(2016年7月5日)

写真3. 白馬岳(2932m)と鹿島槍ヶ岳(2889m)間の岩山である五竜岳(2814m)(2016年7月21日)

写真 4. 北海道最北端の利尻岳(北峰、1719m)とローソク岩(2016 年 7 月 26 日)

写真 5. 水晶岳(黒岳 2986m 右、2978m 左)と左側の赤味掛かった赤牛岳(2864m)(2016 年 8 月 25 日)

写真 6. 北海道最東端・羅臼岳(1661m)での百名山達成記念写真(2016 年 9 月 3 日)

写真 7. 蝶ヶ岳（2677m）より見た槍ヶ岳(3180m)、大喰岳 (3101m)、中岳(3084m)、南岳(3033m)
（2017 年 7 月 10 日）

写真 8. 蝶ヶ岳(2677m)より見た北穂高岳(3106m)、涸沢岳(3110m)、奥穂高岳(3190m)、前穂高岳(3090m)
（2017 年 7 月 10 日）

写真 9. 北岳山荘から見た富士山(3776m)、以降天候悪化(2017 年 7 月 23 日)

写真 10. 北岳山荘(2890m)から見た北岳(3193m)、この後天候急変(2017 年 7 月 23 日)

写真 11. スバリ岳(2752m)より見た立山連峰、下方に黒部湖が見える(2017 年 8 月 3 日)

写真12．木曽駒ヶ岳(2956m)南方の峻立した宝剣岳(2931m)（2017年9月21日）

写真13．駒ヶ岳ロープウェイ駅(2612m)からの千畳敷カール（2017年9月21日）

写真14．鏡平山荘(2300m)前の鏡池と左から樅沢岳(2755m)、槍ヶ岳(3180m)、
　　　大喰岳(3101m)、中岳(3084m)、南岳（3033m)方面(2017年9月25日）

写真 15.
聖岳(3013m)－兎岳(2818m)の
尾根筋から見た赤石岳(3121m)
(2018年7月16日)

写真 16.
北荒川岳(2698m)より見た右側の
塩見岳(3052m)と北俣岳(2920m)
(2018年7月24日)

写真 17.
農鳥岳(3026m)より見た
北岳(3193m)と間ノ岳(3190m)
(2018年7月25日)

写真 18. 大籠岳(2767m)付近より見た広河内岳(2895m)、右に黒味掛かった垂直に沸き立つ雲(雷雨を起こす積雲)が見える(2018 年 7 月 25 日)

写真 19. 西岳（2758m）より見た槍ヶ岳（3180m）、大喰岳（3101m）、中岳（3084m）方面（2018 年 8 月 2 日）

写真 20. 別山(北峰、2880m)より見た堂々とした劒岳(2999m)(2018 年 9 月 6 日)

写真 21. 百名山で最奥に位置する飯豊山の最高峰・大日岳(2128m)(2018 年 9 月 19 日)

75歳・心臓身障者の日本百名山・百高山単独行

真木 太一

まえがき

　登山は高校時代の1960年に石鎚山(天狗岳1982m)に初登頂することから始まった。その石鎚山は西日本一で、日本の半分で最も高い事を相当経ってから認識した。その頃には、より高い山に登っていた。

　1962〜1968年の学生時代に富士山(下線は本文で説明)等、幾つか高山に登った。1968年農林省・農技研(東京)に就職してからは忙しくなり、登山は余りできない状況ではあったが、自然と山が本来好きであった事から時々登山した。1969〜1971年の南極観測越冬隊員・1977〜1978年の米国留学や1983年10〜12月の盲腸・腸閉塞・腹膜炎の大病をして相当の期間、登山はできなかった。1985〜1988年四国農試(善通寺市)、1988〜1993年熱帯農研、1993〜1995年農研セ、1995〜1999年農環研(以上、つくば市)、1999〜2001年愛媛大(松山市)では時々山に登ってはいた。

　2001〜2006年は九州大(福岡市)、2006〜2008年は琉球大(沖縄県西原町)で那覇市にいたため九州・沖縄の山に登った。2005年に紫綬褒章を受章し、日本学術会議会員の多忙の中でも、2005年9月立山－真砂岳－別山－劔岳、2006年5〜8月祖母山、九重山、白山、2007年8月甲斐駒ヶ岳・仙丈岳の本格登山は年1回程した。しかし、2007年10月の心臓手術とさらなる多忙さで、5年間登山はできなかった。

　筑波大では2011年に日本学術会議会員から連携会員に変わり幾分余裕ができて2012年乗鞍岳、八ヶ岳、御嶽に登ったが、2013年1月腹内癒着で2度目の開腹手術を受けた。気温が上がり幾分回復が進む中、三浦雄一郎氏(狭心症)が70、75歳に引き続き、2013年5月23日に80歳にしてエベレストに登頂した事で、強く刺激を受けると共に勇気を得た。当時69歳だったが、体力がかなり回復して7月悪沢岳－中岳－赤石岳、8月聖岳、塩見岳等々の18山に登り、本格登山が急激に増えた。この頃に日本百名山(深田久弥選定)・日本百高山(国土地理院認定、標高順)を踏破しようと思い、生き甲斐の1つとなっていた。

　2013年末には日本百名山と日本百高山は共に30〜35山だった。体力がある内に登ろうと思って、高い

難しい山からとの考えで、2013～2014年は百高山を目指していた。しかし、2014年9月著書『自然の風・風の文化』のあとがきに真木の百名山(50高山と形態・気象・特徴的50名山)を提示した事で、「日本百名山未踏破で真木の百名山?」の疑問を考慮して、先に百名山踏破に変更すると共に、2014年以降に集中的に登山をした。

　2014年は百名山・百高山共に40～50山、2015年には約70山に到達し、2016年9月3日の羅臼岳で日本百名山と真木の百名山を踏破し、まずは第1・2の大きい目的を果たす事ができた。

　2016年末には百高山は75山まで踏破して、2017年末には百高山は約90山に達し、2018年9月には日本百高山を踏破して念願が叶い、最終目的を果たす事ができた。感無量である。その結果、百名山は1960～2016年の56年間、百高山は1963～2018年の55年間で長くかかった。その間、山行に関連した外出は約270回に及んだ。その内、百名山・百高山は171山あるが、約140回の山行であった。

　特に病気との関連で振り返ると、1983年10月の開腹手術、2007年10月心臓・狭心症手術(身体障害者)と12月前立腺肥大症手術で5年間登山できず、やっと2012年より登山を再開するが、再び2013年1月の開腹手術の空白期があった中でも、2013～2018年に集中して百名山・百高山を達成した。多数回の病気や高齢化にもかかわらず、よくもまあ踏破できたものと、我ながら感心している。登山はほとんど(98%)が単独行であり、8割が心臓の身障者および70歳以上になってからだった。

　これまでの山行・登山を振り返り、踏破・奮闘記を記した。

　なお、2018年12月30日に郷里の愛媛新聞に、2019年1月10日に在住の茨城新聞に表題のような内容の紹介文が出た。大変嬉しく感じた。

　また、出版は75歳になってからとなり、表題に取り入れた。

2019年1月15日
　石鎚山からの百名山・百高山を振り返りながら

　　　　　　　　　　真木　太一

目次

まえがき *3*
目次 *5*
1．はじめに *6*
2．日本百名山・日本百高山・真木の百名山 *7*
　（1）　日本百名山 *7*
　（2）　日本百高山 *8*
　（3）　真木の百名山 *10*
3．全山の登頂の記録 *12*
　（1）　高校・大学・大学院時代9年間の登山 *13*
　（2）　就職後から在職15年間半の登山 *18*
　（3）　大病手術後から回復期5年間の登山 *26*
　（4）　つくば市在住・Ⅰ期前期7年間の登山 *27*
　（5）　つくば市在住・Ⅰ期後期3年間半の登山 *33*
　（6）　松山市在住・繁忙期2年間の登山 *40*
　（7）　福岡市在住・超繁忙期6年間の登山 *43*
　（8）　那覇市在住・超繁忙期2年間の登山 *48*
　（9）　つくば市在住・Ⅱ期超繁忙期の登山 *50*
　（10）　つくば市在住・Ⅱ期繁忙期の登山 *53*
　（11）　開腹手術後の百高山復帰年の登山 *56*
　（12）　百高山を目指す集中年の登山 *60*
　（13）　百名山への切換集中年の登山 *67*
　（14）　百名山の集中・達成年の登山 *86*
　（15）　百名山達成後・百高山集中年の登山 *112*
　（16）　百高山の集中・達成年の登山 *125*

4．日本百名山・百高山・真木の百名山のまとめ *139*
5．登山と天候・事故・計画・食事・持物関連 *143*
　（1）　登山と気象・天候との関連 *143*
　（2）　登山と怪我（外傷）・病気との関連 *149*
　（3）　登山と計画・変更事例との関連 *150*
　（4）　登山と食事・食料・水・持物関連 *153*
6．おわりに *156*
あとがき *158*
参考文献 *159*
著者プロフィール *160*
索引 *161*

1．はじめに

2018年1月の誕生日(74歳)を迎えるに当たり、これまでの山行・登山を振り返り、踏破・奮闘記を書く事にした。

山の区分は、後述の日本百高山、日本百名山、著者が選定した真木の百名山の3種である。

百高山(太線)、百名山(細線)、百高山と百名山は百名・高山(複線)で示し、真木の百名山は百高山・百名山以外のみに山名(破線)で示した。主要な山名の前の①、②は登山回数を指し、山の標高(順位)の後の名1(番号)は百名山、高1は百高山の、主に最初の登山日(必ずしもピーク登頂日ではない)を示す。同日の再登頂は1回として扱った。地点の繋ぎの−は片道、＝は往復を意味する。

なお、日程の前の記述例としての(車、妻)は、交通手段としての車と同行者の妻である。交通手段は飛行機・列車・電車(TX：つくばエクスプレス)・バスの利用であり、羽田の場合は飛行機を省略した。車(自家用車)とレンタカーを区分した。家族とは妻・娘2人である。Pは駐車場、SAはサービスエリア、Hはホテルの略称である。その他は一般的省略形態とした。

日本百名山・百高山・真木の百名山の登山は限定・区別して記載し、その他の登山(山行)は主要な一部の登山を記した。その際、自宅を出てから帰るまでの全期間の記録について、登山以外の事項は簡潔に記載すると共に、旅行に関連する事項も一部解説した。本格登山とは3000m前後の登山を指す。記録は自分史(真木、2018)により、山に関連する日程を拾い出すと共に、大学ノート58冊の日記から追加して、山の内容をより詳しく記述した。

日本百高山の単独登頂は、富士山では友人と、その他は、1回は単独で登っており99％である。日本百名山・真木の百名山では、富士山は友人、日光白根山、剣山は妻と登っており97％であり、全体では98％が単独行だった。従って、単独行と銘打った。

単独で登ると、全て自分1人で対応せざるを得ないため、ルート・体力・気力・時間等に不安・苦労・危険性等がある一方、マイペースで登る事ができ、急変更も可能で自由度が高く気楽で魅力的であり、ほとんど単独行である。以降、特に記載のない場合は単独登山・山行である。

2. 日本百名山・日本百高山・真木の百名山

　現在、日本百名山は非常に有名である。1963年に書籍が出版されてかなり経ってからの1980年代以降の登山ブームは、これによる事が相当大きいと考えられる。丁度、経済成長とも関連し、マスコミ、出版業者等との関連で、幾分煽り立てる傾向があったやに推測される。それにしても、国民の多くが長生きするようになる中で、趣味の1つと考え、山愛好家が多くなり、中高年の登山者が増えた傾向がある。著者もその1人であろう。ここでは、日本百名山の他に、余り知られていない後述の日本百高山と併せて真木の百名山、その他の主要な山も網羅して記述する。

（1）日本百名山

　日本百名山は1963年刊行の山岳随筆の中で、深田久弥氏(1903～1971年)が自ら登った多くの山から「品格・歴史・個性を兼ね備え、原則として標高1500m以上の山」の選考基準で百山を選んでいる。その時代背景(道路・交通・経済・作者の出身地等)の中での選定であるため、多くは納得できるが、ある程度の偏りがある事は否めない。北海道から九州までを列挙する。記述はJTBパブリック『日本百名山』による。

北海道：利尻岳(利尻山(利尻南峰))1721m、羅臼岳1661m、斜里岳1547m、阿寒岳(雌阿寒岳)1499m、大雪山(旭岳)2291m、トムラウシ(山)2141m、十勝岳2077m、幌尻岳2052m、後方羊蹄山(羊蹄山)1898m。

東北：岩木山1625m、八甲田山(大岳)1585m、八幡平1613m、岩手山(薬師岳)2038m、早池峰(早池峰山)1917m、鳥海山(鳥海新山)2236m、月山1984m、朝日岳(大朝日岳)1871m、蔵王山(熊野岳)1841m、飯豊山(大日岳)2128m、吾妻山(西吾妻山)2035m、安達太良山1700m、磐梯山1816m、会津駒ヶ岳2133m。

北関東・上信越：那須岳(三本槍岳)1917m、魚沼駒ヶ岳(越後駒ヶ岳)2002m、平ケ岳2141m、巻機山1967m、燧岳(燧ヶ岳)2356m、至仏山2228m、谷川岳1977m、雨飾山1963m、苗場山2145m、妙高山2454m、火打山2462m、高妻山2353m、男体山2486m、奥白根山(日光白根山)2578m、皇海山2144m、武尊山2158m、赤城山(黒檜山)1828m、草津白根山(本白

根山)2171m、四阿山2354m、浅間山2568m、筑波山877m。

北アルプス北部：白馬岳2932m、五竜岳2814m、鹿島槍岳(鹿島槍ヶ岳)2889m、剱岳(劍岳)2999m、立山(大汝山)3015m。

北アルプス南部・八ヶ岳周辺：薬師岳2926m、黒部五郎岳2840m、黒岳(水晶岳) 2986m、鷲羽岳2924m、槍ヶ岳3180m、穂高岳(奥穂高岳)3190m、常念岳2857m、笠ヶ岳2898m、焼岳(焼岳南峰)2455m、乗鞍岳(劍ヶ峰)3026m、御嶽(御嶽山)3067m、美ヶ原(王ヶ頭)2034m、霧ヶ峰(車山)1925m、蓼科山2531m、八ヶ岳(赤岳)2899m。

奥秩父・南関東：両神山1723m、雲取山2017m、甲武信岳(甲武信ヶ岳)2475m、金峰山2599m、瑞牆山2230m、大菩薩岳(大菩薩嶺)2057m、丹沢山(蛭ヶ岳)1673m、富士山(劍ヶ峰)3776m、天城山(万三郎岳)1406m。

中央アルプス・南アルプス：木曽駒ヶ岳2956m、空木岳2864m、恵那山2191m、甲斐駒ヶ岳2967m、仙丈岳(仙丈ヶ岳) 3033m、鳳凰山(観音岳)(観音ヶ岳)2841m、北岳3193m、間ノ岳3190m、塩見岳3047m(東峰3052m)、悪沢岳(荒川東岳)3141m、赤石岳3121m、聖岳3013m、光岳2592m。

北陸・近畿：白山(御前峰)2702m、荒島岳1523m、伊吹山1377m、大台ヶ原山(日出ヶ岳)1695m、大峰山(八経ヶ岳)1915m。

中国・四国・九州：大山(劍ヶ峰)1729m、劍山1955m、石鎚山(天狗岳)1982m、九重山(中岳)1791m、祖母山1756m、阿蘇山(高岳)1592m、霧島山(韓国岳)1700m、開聞岳924m、宮之浦岳1936m。

日本百名山と次の日本百高山との重複は29山である。

日本百名山の全山合計は227,612mで平均2276mであり、全頂制覇百名山の227,372m、平均2274mの微妙な2m低の理由は、山系の最高点でない(丹沢山の最高点蛭ヶ岳との差で約半分)、三角点の未改正値等のためである。

日本百名山踏破は2016年9月3日に羅臼岳で達成し、同時に真木の百名山も踏破した。なお、完全踏破は2018年10月8日に達成した。

(2) 日本百高山

日本の高山の多くは日本アルプスにある。日本アルプスは北アルプス

(飛騨山脈)・中央アルプス(木曽山脈)・南アルプス(赤石山脈)で構成されている。

日本の山一覧(高さ順)(ウィキペディア：https://ja.wikipedia.org/wiki/...)、高さ順の100山リスト(著者が幾つかミス修正)は国土地理院発行の日本の山岳標高一覧に準拠している(2018年5月現在)。

上記の高さ順の100山リスト、すなわち2667m以上の100座(山)を日本百高山と呼ぶ。分布状況は、日本アルプス92(北アルプス52、南アルプス31、中央アルプス9)、その他8は八ヶ岳5、独立峰の富士山・御嶽山・白山(両毛山地)各1である。

富士山－白山間の直径約200km円内に全て入っており、富士山・白山を除くと白馬－光岳の長径162kmと八ヶ岳－御嶽山の短径83kmの概ね楕円形内に入る。主要部はその南北162kmと鳳凰山－空木岳の東西47km内にあり、非常に集中している。

標高2840m以上の50座を拾うと北ア30、南ア13、中央ア4、八ヶ岳・富士山・御嶽山各1で、白山が抜ける。3000m以上だと21座で、北ア10、南ア9、富士山、御嶽山である。富士山3776mから標高別に見ると、3150m(以上)5、3100m10、3000m21、2900m32、2850m45、2840m50、2800m64、2750m81、2700m90、2667m以上100座である。

1位富士山から100位新蛇抜山までを列挙する。

1富士山3776m、2北岳3193m、3奥穂高岳3190m、3間ノ岳3190m、5槍ヶ岳3180m、6悪沢岳(荒川東岳)3141m、7赤石岳3121m、8涸沢岳3110m、9北穂高岳3106m、10大喰岳3101m、11前穂高岳3090m、12中岳3084m(北ア)、13中岳(荒川中岳)3084m(南ア)、14御嶽山3067m、15農鳥岳(西農鳥岳)3051m、16塩見岳3047m(東峰3052m)、17南岳3033m、18仙丈ヶ岳3033m、19乗鞍岳3026m、20立山(大汝山)3015m、21聖岳3013m、22剱岳2999m、23水晶岳(黒岳)2986m、24甲斐駒ヶ岳2967m、25木曽駒ヶ岳2956m、26白馬岳2932m、27薬師岳2926m(北ア)、28野口五郎岳2924m、29鷲羽岳2924m、30大天井岳2922m、31西穂高岳2909m、32白馬鑓ヶ岳2903m、33赤岳(八ヶ岳)2899m、34笠ヶ

岳2898m、35広河内岳2895m、36鹿島槍ヶ岳2889m、37別山2880m、38龍王岳2872m、39旭岳2867m、40蝙蝠岳2865m、41赤牛岳2864m、42空木岳2864m、43真砂岳2861m(北ア)、44双六岳2860m、45常念岳2857m、46三ノ沢岳2846m、47三ツ岳2845m、48三俣蓮華岳2841m、49南駒ヶ岳2841m、50観音ヶ岳(鳳凰山)2841m、51黒部五郎岳2840m、52横岳2829m、53祖父岳2825m、54針ノ木岳2821m、55大沢岳2819m、56兎岳2818m、57五竜岳2814m、58東天井岳2814m、59抜戸岳2813m、60杓子岳2812m、61中盛丸山2807m、62阿弥陀岳2805m、63上河内岳2803m、64小河内岳2802m、65アサヨ峰2799m、66蓮華岳2799m、67薬師ヶ岳(鳳凰山)2780m、68高嶺2779m、69熊沢岳2778m、70剣御前2777m、71赤岩岳2769m、72大籠岳2767m、73横通岳2767m、74小蓮華山2766m、75地蔵ヶ岳(鳳凰山)2764m、76燕岳2763m、77硫黄岳2760m、78西岳2758m、79樅沢岳2755m、80スバリ岳2752m、80駒津峰2752m、82仙涯嶺2734m、83笹山2733m、84将棊頭山2730m、85檜尾岳2728m、86烏帽子岳2726m、87小太郎山2725m、88権現岳2715m、89南真砂岳2713m、90白山2702m、91北荒川岳2698m、92唐松岳2696m、93安倍荒倉岳2693m、94鋸岳2685m、95赤沢岳2678m、96蝶ヶ岳2677m、97東川岳2671m、98赤沢山2670m、99爺ヶ岳2670m、100新蛇抜山2667m。

日本百高山の全山合計は287,400mで平均2874mである。日本百高山と日本百名山の重複(複線)は29山あり、重複を除くと247,238mで平均2472mである。なお、百名山・百高山の重複を除く171山の高度の合計は427,726mとなり、428km登った事になる。

日本百高山達成は2018年9月11日であり、感無量だった。

(3) 真木の百名山

日本百高山・日本百名山の背景のもと、著者は真木の百名山を提案している。すなわち、高山は気象・気候的(気温・降水量・風速・日射等)に厳しい場所が多いため、日本百高山の内の50位(観音岳2841m)までの

50山を取り入れ、残り50山は地形・地質(風格・形態)、歴史(宗教・伝承)、地域性(バランス)、気象的(主に風)等を熟慮して選定した。この中には百高山の白山2702m(90位)が1山含まれている。標高的には1000m以下の約900m(開聞岳924m、筑波山877m)の山を除いて約1400m以上(天城山1406m、榛名山1390m、伊吹山1377m)の山であり、特徴的な局地風が吹く場合には特記した。次の著書のあとがきに公表している。著書:『自然の風・風の文化』、技報堂出版、2014年9月5日発行。

瓶ヶ森(1897m)、寒風山(1763m)、榛名山(1390m)の3山以外は、日本百高山からは51山=(単独24+重複27)と日本百名山からは73山=(単独46+重複27)である。従って、27(百高山・百名山)+24(百高山)+46(百名山)+3(単独)=100(真木の百名山)である。地域別に記述する。

北海道:大雪山(旭岳)2291m、十勝岳2077m(十勝風)、幌尻岳2052m(日高しも風)、後方羊蹄山(羊蹄山)1898m、利尻岳(利尻山(利尻岳南峰)1721m、羅臼岳1661m(羅臼風)、阿寒岳(雌阿寒岳)1499m。

東北・新潟:火打山2462m、燧岳(燧ヶ岳)2356m、鳥海山(鳥海山新山)2236m、月山1984m、早池峰山1917m、蔵王山(熊野岳)1841m、磐梯山1816m、岩木山1625m、八幡平1613m、八甲田山(大岳)1585m。

関東・静岡:金峰山2599m、奥白根山(日光白根山)2578m、浅間山2568m、男体山2486m、甲武信岳(甲武信ヶ岳)2475m、瑞牆山2230m、至仏山2228m、武尊山2158m、皇海山2144m、雲取山2017m、谷川岳1977m、那須岳(三本槍岳)1917m(那須おろし)、赤城山(黒檜山)1828m(赤城おろし)、丹沢山(蛭ヶ岳)1673m、天城山(万三郎岳)1406m、榛名山(榛名富士)1390m(榛名おろし)、筑波山877m(筑波おろし)。

北アルプス:奥穂高岳(穂高岳)3190m、槍ヶ岳3180m、涸沢岳3110m、北穂高岳3106m、大喰岳3101m、前穂高岳3090m、中岳3084m、南岳3033m、乗鞍岳3026m、立山(大汝山)3015m、剱岳(剣岳)2999m、水晶岳(黒岳)2986m、白馬岳2932m、薬師岳2926m、野口五郎岳2924m、鷲羽岳2924m、大天井岳2922m、西穂高岳2909m、白馬鑓ヶ岳2903m、笠ヶ岳2898m、鹿島槍ヶ岳(鹿島

檜岳)2889m、別山2880m、龍王岳2872m、旭岳2867m、蝙蝠岳2865m、赤牛岳2864m、真砂岳2861m、双六岳2860m、常念岳2857m、三ツ岳2845m、三俣蓮華岳2841m。

中央アルプス：木曽駒ヶ岳2956m、空木岳2864m、三ノ沢岳2846m、南駒ヶ岳2841m、恵那山2191m。

南アルプス：北岳3193m、間ノ岳3190m、悪沢岳(荒川東岳)3141m、赤石岳3121m、中岳(荒川中岳)3084m、塩見岳3047m(東峰3052m)、農鳥岳(西農鳥岳)3051m、仙丈ヶ岳(仙丈岳)3033m、聖岳3013m、甲斐駒ヶ岳2967m、広河内岳2895m、鳳凰山(観音岳(観音ヶ岳))2841m。

富士山：富士山(剣ヶ峰)3776m。

八ヶ岳：赤岳(八ヶ岳)2899m。

御嶽山：御嶽山(御嶽)3067m。

両白山地(岐阜・石川)：白山(御前峰)2702m。

近畿：大峰山(八経ヶ岳)1915m、大台ヶ原山(日出ヶ岳)1695m、伊吹山1377m（風雪・積雪）。

四国・中国：石鎚山(天狗岳)1982m、剣山1955m、瓶ヶ森1897m、寒風山1763m(寒風)、大山1729m。

九州：宮之浦岳1936m(屋久島)、久重山(中岳)1791m、祖母山1756m、霧島山(韓国岳)1700m、阿蘇山(高岳)1592m、開聞岳924m。

真木の百名山の全山合計は245,679mで平均2457mとなり、日本百名山より181m高く日本百高山より417mも低いが、前記の日本百高・名山平均2472mとほぼ同じである。

真木の百名山踏破は2016年9月3日に、完全踏破は2018年10月8日に、日本百名山踏破と同日に達成した。

3．全山の登頂の記録

時代別記録以前の子供の頃の遠足、ハイキング等を記述すると、小中学校時代に八堂山(196m)、市之川鉱山(200m)、津越の滝(130m)、山火事での福武の里山(150m)、遠足時に付近の山・丘等に行ったが、高い山は登っていない。旅行では松山・今治に行った程度だった。小学校修学旅行で高知、中学校修学旅行で大阪・京都、高校修学旅行で東京に行った。高校時代に初めて山らしい石鎚山(1982m)に登った。

(1) 高校・大学・大学院時代9年間の登山

1959年4月(西条高校) ～ 1968年3月(九州大大学院):

1960年7月(**石鎚山-瓶ヶ森**):西条－西之川－二の鎖小屋＝石鎚山(天狗岳1982m)、土小屋－白石小屋＝瓶ヶ森(1897m)－西之川－西条。初日西条高校の2年生時に、暑い夏の日の早朝に徒歩で西条市西之川(430m)から登り始め、汗だくになりながら、喘ぎ喘ぎ、ぐねぐね道を登ると、やがて前社ヶ森の剣山の突き出た急峻な岩山を見て驚嘆すると共に、険しい岩斜面の厳しい環境に耐え抜いた大木の檜を見て感心した記憶がある。その内に開放的な夜明峠では緩やかな笹原(クマザサ)の一変した高山の景色に出会い、やっと高山に登ったかの気持ち・感覚を覚えている。やがて急斜面の鳥居に辿り着き、一安心で山小屋に荷物を置いて日本七霊山の石鎚山に鎖(大型の鉄輪の二・三の鎖、各70m程)を伝って怖々登り、弥山(1972m)の石鎚神社奥の院にお参りした後、恐る恐る北側は200mの絶壁上に聳え立つ峻立した名峰・石鎚山(天狗岳1982m、名1:百名山1番目登頂)(西日本一、当時は1981m)に圧倒されながらも登頂し、心ときめいた記憶がはっきりと思い出される。断崖絶壁の下を覗き込むと心臓がキュッと引き締まるような急峻な天狗岳を往復した後、二の鎖小屋のトイレを利用した際の、岩斜面直接の溜まり便の強烈な印象が思い出される。2日目は土小屋を経て瓶ヶ森(かめがもり)(1897m)(真木の百名山)まで縦走したが、途中珍しい高山植物を横目に愛でながら白石小屋に辿り着いた。氷見二千石の滑らかな柔らかい雰囲気の所々に格好良いシコクシラベ(シラビソ)の生えた笹原と林立する急峻な岩山の石鎚山北壁との対照的な遠望は、大変素晴らしかった。この高校時代の登山が本格的な登山への始まりだった。50年以上前の遙か昔の記憶であったが、印象は素晴らしく強烈だった。

1962年4月 ～ 1966年3月(学生時代):

東京農工大入学後、中学時代のバレーの思いがあり5月にバレー部に入部し、直ぐ大学対抗試合が始まった。農工大は第7部リーグで、部員数が少なく、1年時からリーグ戦に出られた。関東学院大、横浜国大、東京電機大、東京薬科大や三大学戦の京都工繊大等々、毎週のように試合があったが弱く負けが多かった。授

業のある中で、運動部活は体力的にきつく1年足らずで退部した。その代わりか植物研究会に入り、多摩丘陵・狭山丘陵等に出かけ、植物を見て名を覚え、登山(富士山・石鎚山等)・ハイキング(奥多摩等)も兼ねて楽しい学生時代を謳歌した。植物名や生態系の感覚は農林省時代以降の研究にも役立った。高校時代の石鎚山登山や大学での植物研究会での活動で、まず自然に親しみ探索する気持ちと、次に高山踏破の気持ちが培われたかと思われる。人生の基盤的な思いとなった。

1962年(石鎚山-瓶ヶ森)：大学の夏休みに故郷の山に2回、7月西条から瓶ヶ森に良造兄と登り、8月西条から石鎚山－瓶ヶ森を単独で縦走した。1963年8月の夏休みにも東京農工大同級生斉藤君と石鎚山(天狗岳)に登った。樹木・草花のある素晴らしい新鮮な景色を味わった。トランジスタラジオのイヤホーンを落とした事を思い出した。

1963年7月19～20日(富士山)：19日斉藤君と東京・府中－河口湖で、いきなり早くも富士山に挑戦した。晴天下、吉田ルートで登り、途中は暑くてきつかったが、頂上付近は寒かった。夏でもこんなに寒いのかと驚いた。ついに富士山(剣ヶ峰3776m、百名山第1位、名2高1：百名山2番、百名山1番目登頂)を極め、富士山浅間大社奥宮を半周した。当時は有用・有名な富士山気象レーダーはまだなかった。気温は数度だったが山を降りる途中から山麓平地の地面近くでは40℃以上の高温に疲れと眠さが加わり、頭が惚けたような感覚を初体験した。20日富士宮ルートで下山して富士宮から白糸の滝を見て富士五湖(本栖・精進・西・河口湖)を回った。河口湖から中央線に出て、21日に無事帰った。登山は相当きつかったが、日本一の山を踏破した事で自信が付いた。かつ、富士五湖を散策できた事で、塞き止められてできた湖の成り立ちと富士山との関係を知り地学にも興味を持った。なお、熔岩や風穴にも興味が湧いた。翌日東京発で23日西条に帰省した。

10月13日：木村・斉藤・杉本君と府中・甲府往復で夜叉神峠(1770m)に初めて登った。登りは皆、速くて追いかけるのが大変だったが、雪を被った名峰、富士山・甲斐駒ヶ岳・北岳は、今まで見た事のない別世界と思える程の神々しい絶景で大変感激して帰った。翌年1月に府中市で20歳の誕生日を迎えた。

1964年3月中下旬：西条－堀江－仁方－広島、宮島－岩国－山口＝秋吉台－福岡、平戸－佐世保－西海橋－長崎－諫早、雲仙－三角－熊本、阿蘇－熊本－西鹿児島－山川－指宿、鹿児島－桜島－垂水、霧島－宮崎－青島－別府、大分－八幡浜－西条。大型ザックを背負って、中国・九州地方を旅行した。初めての長い1週間程の冒険的な1人旅で、各地を観光して知識を広め体感した。広島では同級生の杉本君方に泊めてもらい、福岡では天野叔母方に泊まり、熊本では駅近くの神社で初めて野宿し、心細かった。その他は旅館に泊まり、鹿児島・垂水では旅館の人と親しく話した記憶がある。この中で山らしき登りは霧島山だった。大浪池を見たくて登り出したが、本来の道から外れてしまい、中々火口上部に着かず、雨も降るので残念ながら引き返し、将来に残した。

7月17～29日：府中－上野－仙台－松島－十和田湖－青森－函館－洞爺湖－支笏湖－襟裳岬－新得－帯広－阿寒湖－北見・相生－屈斜路湖－摩周湖－釧路－厚岸－根室＝納沙布岬－斜里－知床－網走－層雲峡－旭川－稚内－利尻島－稚内－礼文島－稚内－札幌－函館－青森－新潟・新津－上野－府中。17日上野から同じザックを背負って、東北・北海道の1人旅に出かけた。上野発の常磐線で車窓から見たヤマユリの花を思い出した。特に雄大な北海道各地を十分満喫し、強い印象を受けたが、自由な北の旅は学生の特権と思った。素晴らしい北海道の高山・平原・湖・海岸を眺め歩き観光した。神秘的な摩周湖を眺め野宿し、網走でも松林で野宿した。礼文島では随所に咲き誇る高山植物の花を眺め、利尻島では利尻山を眺めた。山は登らず自然豊かな有名な観光地を何度かハイキングして旅の情緒を楽しんだ。29日府中に帰り、翌日西条に帰省した。

1964年8月27～28日（石鎚山-瓶ヶ森）：西条から石鎚山(天狗岳)－瓶ヶ森を縦走した。各4回目で山に慣れ親しんで来た。山に惹かれ、次第に山の虜になる予感がした。

9月13日：植物研究会で御岳山(929m)－大岳山(1266m)に登り、植物観察をして植物名を覚えた。

10～15日：府中－(11日)松本－新島々－上高地、12日松本－信濃大町－扇沢－黒四ダム－大観望－室堂－扇沢、13日大町－親不知－直江津、14日長野・善光寺－小諸－軽井沢(浅間山)－(15日)上野－府

中。10日オリンピック開会式の夜、夜行で松本に出た。11日上高地は非常に良い天気で穂高岳・焼岳がよく見え、青い空にくっきりと映えた景色に感動した。いつか登ろうと思った。大正池では、特に池の中に残る枯れた針葉樹は印象的だった。そして梓川の美しい川の流れや河原・河童橋等を見て回り森林浴も楽しんだ。バスの切符売り場で、府中の銀行で買えなかった大変欲しかったオリンピック千円銀貨を奇遇にも拾った。砂に埋もれ僅かに見えていた。気が通じたかと思い高揚した気分だった。12日上高地を出て、松本－大町－扇沢経由で黒四ダム(1470m)に行った。トンネルを抜けるといきなり現れた高山と黒部ダム湖・ダムの放流の迫力に感動した。また大観望(2316m)からの赤沢岳(黒部トンネル上)は素晴らしく、トンネルを抜けて**室堂**(2450m)に出た。そこからの立山の眺めは言葉に尽くせない程の景観に圧倒された。高揚感が湧き、いつか立山・剱岳等の高山に登りたいと思った。その後はコース通り各地を観光して扇沢に引き返した。13日日本海側の難所の親不知を見て直江津を観光したら八坂神社で雨に遭い泊まった。14日軽井沢・浅間山では鬼押出しの殺伐たる溶岩の重なりを見たが、桜島の熔岩景色と同じようで、荒ましい火山・自然の威力を感じた。

10月10～24日に東京オリンピックが開催された。

11月19日農工大の大学運動会と21日学園祭の間に日光東照宮と中禅寺湖を初めて観光した。

1965年5月8～9日：(寮友6人)8日府中20時発、河口湖より23時半登り出し9日3時に三ツ峠山(1785m)に登った。河口湖や裾野を拡げ雪の被った富士山の眺めは極めて素晴らしかった。

5月23日植物研究会で大山(おおやま)に行き珍しいクマガイソウ、ハナイカダ等を観察して大秦野に下山した。

1965年8月16～19日(**奥穂高岳-前穂高岳**)：16日夜行で府中－国分寺から松本に出た。17日松本－新島々－上高地から、弾む息を押さえながら各2時間30分で横尾－涸沢－穂高岳山荘に着いた。途中まで晴天で山荘着は14時30分だった。突然の雨で登頂は翌日にしたが何か困難が待ち受けている気がした。18日晴天下、①<u>奥穂高岳</u>(3190m3位、名3高2)に登った。景色は素晴らしかったが、<u>奥穂高岳</u>から吊尾根を通って厳めしい①<u>前穂高岳</u>(3090m11位、

高3)に登り、そこから引き返さず、間違えて直接下る道の方に進んでしまった。知り合った日大職員と登山地図にない、目が回りそうな急坂を緊張し怖々奥又白池(2470m)の岩登り基地に下山した。崖上から荷物をロープで何回か下ろし岩場をやっと下りたが、彼はアイゼンを付けて雪渓を下りた。自分は岩場を伝って大変危うく怖い思いをしたが、辛うじて神秘的な池に着き心底安堵した。そこから中畠新道を通り上高地に下山した。親不孝者に成り兼ねなかった。間違えた時に引き返せば良かったが2人だったので下りた。登山用具の不十分な場合の行動(人に合わせる事)に注意せねばならいと思った。上高地－松本－(19日)4時半国分寺に着き府中に帰った(( )付は車中泊)。

1965年8月25～27日(燧岳-至仏山)：25日府中より夜行で上野－沼田に出た。26日沼田－大清水経由で尾瀬沼(1660m)に着き、晴天で尾瀬湿原の美しさ・貴重さに触れた。平らな湿地から高く抜きん出た<u>燧岳</u>(燧ヶ岳、<u>俎嵓</u>2346m－柴安嵓2356m、名4)に登った。燧岳・至仏山の山と対照的な広大な尾瀬の高層湿原は初めてで、緑の絨毯と池塘は新鮮で印象的だった。東電小屋に
（まないたぐら）（しばやすぐら）

泊まった。27日湿地と対照的な三条ノ滝・平滑ノ滝を見てから<u>至仏山</u>(2228m、名5)－小至仏山(2162m)に登った。鳩待峠から戸倉までの車道12kmの最後の2kmで当時は珍しい女性運転手の車に親切にも乗せてくれた。沼田－上野で帰った。やがて山に段々と惹かれていった。

1966年4月～1968年3月：九州大大学院(福岡)：

1966年8月24～26日(阿蘇山)：24日西条から柳井経由で若戸大橋を渡り福岡に出た。25日熊本で熊本城・水前寺を見て<u>阿蘇山</u>(1281m、名6)(当時最高点と思っていた)に行き恐ろしい程の煙を吐く火口を見た。当時は珍しい高原有料道路である雄大なやまなみハイウエーを走って自然が織りなす九重山の写真を撮り、湯布院を経て別府に出て豊心荘に泊まった。26日は錦水園・マリンパレスを見て福岡に帰った。大学院1年の今後の不安要素のある中での気晴らしだった。

10月22～24日(九重山)：22日博多7:52発、研究室院生・学生数人で、豊後中村から筋湯・九州大の山の家に着き、直ぐ<u>九重山</u>(久住山1787m＝<u>中岳</u>1791m、名7)に登り19時山の家に戻った。紅葉が綺麗だった。

23日8:25発、大船山(1786m)に登った。山と対照的な大船池は非常に美しく硫黄山(1580m)も綺麗だった。一日20km近く歩いて18:30山の家に戻った。24日牧ノ戸からやまなみハイウエーを通って福岡に帰った。3日間快晴で、気楽で至極楽しかった。

1967年1月3～6日：3日 西条から笹ヶ峰スキー場に眞二兄の新居浜西高教員・生徒と同行した。高校の同級生三崎君も同行(日帰り)した。途中、小中学の時の大河内君に偶然あった。初めて冬山に登った。雪は10cmで少なかったが少しスキーで滑った。4日朝少しスキーしたが非常に寒かった。午後に**笹ヶ峰**(1860m)頂上に10余人で登った。低温の風で顔の感覚がなくなる程だった。初めて極めて綺麗な最高の樹氷(アーチ状)を見た。5日午前中2時間程スキーをしてかなり滑れるようになった。6日山は一時雪が降ったが下界は晴天だった。15時過ぎに帰った。楽しい4日間の冬山だった。

(2) 就職後から在職15年間半の登山
　1968年4月(農林省入省・農技研)～1983年11月(農技研最終)：
　1968年7月20～21日(**大菩薩岳**)：20日夜に農林省・西ヶ原独身寮の寮友4人と新宿発で、21日大菩薩峠(1897m)－**大菩薩岳**(2057m、名8)に登った。王者の貫禄を誇る富士山を筆頭に南アルプス全山が綺麗に見え、高山植物も一部咲き誇っていた。朝は涼しかったが、昼間は非常に暑かった。久し振りに楽しく過ごした。

1969年11月2～3日：2日上野6:40発、猪苗代湖で野口英世記念館を見学した。国家公務員試験の面接で印象に残った人物で野口英世博士を上げた事を思い出し懐かしかった。双峰の会津磐梯山がどっしりと見え印象的だった。秋元湖を見て五色沼の遊歩道を散歩して神秘的な5色の沼・池を散策した。小野川湖(797m)に行き夕方の湖面を鑑賞してからバス停で野宿した。その日の気温は高目だったが、さすが朝は寒かった。3日5時起きで小さい岩島がある桧原湖(822m)を眺めて遊覧船に乗って狐鷹森(830m)に行き白樺山の家を見物した。湖の最北端を回って喜多方に出て会津若松では鶴ヶ城に上り、飯盛山も訪れ、歴史の惨めさを感じた。若松14:05発の帰りの列車は物凄く混んでいた。

1969年11 ～ 1971年4月(**南極観測越冬隊員**)：南極昭和基地で1年間越冬し気象研究観測をした。豪

州・南ア旅行、氷山、氷河、大陸雪原、クラック、海氷、オーロラ、南十字星、蜃気楼、ペンギン、アザラシ、ダボハゼ、隕石、太陽・星、低温、強風、海氷上の気象観測、超安定気層中の風、強気温逆転層等々、素晴らしい貴重な見聞・体験をした。ここでは、スイスのユングフラウ山に登ったため、南極からの帰国時の旅行のみに留める。

1971年3月29日 ～ 4月10日：(越冬隊員)南ア連邦－ケニア－イタリア－スイス－フランス－オランダ－デンマーク－アメリカ－羽田で、29～30日ケープタウン(ケープポイント最南端、テーブルマウンテン)、31日ケープタウン－ヨハネスブルグ(～4月2日)(初飛行、ライオン公園、ダイヤモンド鉱山)、4月3日ヨハネスブルグ－ケニア・ナイロビ(広大砂丘)－ローマ、4日ローマ(テルミノ駅、コロシウム、スペイン広場、トレビー泉、バチカン市国、宮殿)、5日ローマ(楠瀬氏同行、アルプス上空、高山・氷河)－ジュネーブ(レマン湖)－ベルン－インターラーケン(湖・絶景)－グリンデルワルド(高級ホテル)、6日**アルプス・ユングフラウ**(展望台3571m、雪山・氷河の絶景)－ベルン－ジュネーブ、7～8日パリ(ノートルダム寺院、凱旋門、ルーブル美術館、シャンゼリゼ、エドワード道・ソルボンヌ大通)、8日(集合)パリ－アムステルダム、9日アムステルダム－コペンハーゲン－アンカレッジ(北極圏通過証)－(10日)17:50羽田に502日振りに帰国した。

1974年1月22～23日：22日上野から急行で湯沢・<u>土樽</u>(600m)へ行くが、猛吹雪、遅延で迎えは帰っていた。積雪4mの中、小屋を訪ねて行った。やっと探し当てたが家の入り口が分からず周辺を回った。家の横は雪がないため急で、落ちたら大変で注意した。電話がないため大変だった。気象観測場を訪ね当て安心した。百葉箱の雪掻きをした。夕方小屋に帰り泊まった。夜も降雪だった。23日再び積もっており除雪せねばならず、光輝く雪は非常に綺麗で沢山写真を撮った。ジープで中里を往復した。2日間とも気象測器と雪量計を除雪した。南極を思い出したが、降る量は遙かに多く重かった。多雪地を見て雪掻きを経験したが重労働は割に合わず、豪雪域の状況を知ったのみだった。

1974年9月29日～10月4日(**赤城山**-**立山**-**真砂岳**-**別山**)：29日東京・公務員宿舎5時発、小山から<u>赤城山</u>神社(1339m)で紅葉を見て新鹿沢温

泉に泊まった。30日菅平高原に行き鹿沢スキー場を見て上田・信州大で農業気象(学会)関東支部会で発表して別所温泉に移り懇親会で親交を深めた。中秋の名月だった。温泉に4回浸かった。10月1日上越・高田の北陸農試を見学して直江津-魚津に出た。2日宇奈月温泉より憧れの関西電力トロッコ電車で欅平駅(590m)へ行き、猿飛峡を見て直ぐ上の欅平(858m)に登り北アルプス白馬岳等の高山を垣間見て宇奈月温泉に戻り、立山駅から弥陀ヶ原・国民宿舎立山荘泊。3日室堂を経て浄土山(2831m)に登り雨に遭いびしょ濡れで歩き、一度一ノ越に下って勇躍①立山(雄山3003m-大汝山3015m20位、名9高4)に登った。天気が好転して雨から回復した立山から山座同定して全山・カルデラ・池の絶景を見た後、①富士ノ折立(2999m)・①真砂岳(2861m43位、高5)を通り①別山(南峰2874m、高6)に登った。絶景は登山の苦労を補って余りあると感じた。別山乗越から雷鳥平・みくりが池に下り、覇を競った一大山岳風景のパノラマを眺めて、室堂を経て立山荘泊。夜は目に焼き付いた光景を回想し、近い山は緑・茶色であるが遠い山々は青く見える事を認識した。

4日立山駅からバスで落差日本一の350mの豪快な称名滝を観瀑台から見た後、富山-高山で飛騨の里・国分寺を散策して、名古屋から新幹線で帰った。穂高岳登山から忘れかけていた9年振りの本格登山だった。

1977年2月9日(筑波山):東京から筑波山(名10)神社に寄り移転予定の農業技術研究所を下見した。

1977年3月1日~1978年2月28日:米国フロリダ大学にパートギャランティ制度で留学した。ゲインズビルからフロリダ半島各地を回る以外に、6月25日~7月9日にアッシュビル(スモーキー山地)-ワシントン-ニューヨーク-バッファロー(ナイアガラ滝)-デトロイト-シカゴ-ネブラスカ-カンサス-ルイジアナ・ニューオーリンズ(長橋)を回った。帰国時に冬季の大陸横断旅行をした。

1978年2月6~28日:(車、家族)6日フロリダ・ゲインズビル発、7日ニューオーリンズ(湖・長橋)-ラファイエット、8日ヒューストン-テキサスA&M大(氷雨)、9日同大研究所(霧氷・氷道)-サンアントニオ-デルリオ、10日ビッグベンド公園-ベイシン、11日カルスバッド洞窟公園-エルパソ-アンソニー(雨)、12日ツーソン(大サボテン)-ギラベンド、13

日オーガンパイプ(サボテン園)－フェニックス(農務省、強雨)、14日(車チェーン)フラッグスタッフ(車修理)、15日グランドキャニオン(積雪)－(タイヤ修理)－ページダム－カナブ(雪)、16日ザイオン公園－ラスベガス－フーバーダム、17日デスバレー(砂漠砂丘初体験、-86～3368m)－58・395線交点、18日リバーサイド－ディズニーランド－サンディエゴ(米国で一度の車中泊)、19日樹木公園(パンク)－リバーサイド(タイヤ修理)－ロングビーチ、20日ロスアンゼルス－セコイア公園(車チェーン、巨樹・狐鹿、2000m)－山の宿、21日キングスキャニオン公園－パリラー(加州大)、22ヨセミテ公園(岸壁・滝・積雪、1200m)－デリオ、23日サクラメント(霧)－デービス－サンフランシスコ、24日金門橋－ロイヤルイン(車売却100＄)。冬の大陸横断は苦労したが有益だった。走行距離は9000km、年間走行は8万kmだった。25日サンフランシスコ－ホノルル、26日ハワイ・オアフ島観光、27日ホノルル－(2月28日)羽田に1年振りに帰国した。

1978年6月20日～7月2日(大雪山)：20日上野夕発、21日札幌－長沼、21～23日と28日～7月1日は長沼で防風網の気象観測を行い徹夜観測も2回した。24日札幌夜発、25日網走－斜里－宇登呂を経て大自然の神秘的な知床五湖を見て回った時に野生の熊を見た。宇登呂に引き返しウトロ崎灯台とフレペの滝を見た。26日宇登呂から羅臼まで船で知床岬を回った。海から見た切立った半島は目に焼き付いた。山から直接海に落ちる滝は新鮮だった。羅臼で下船し、標津より野付半島のトドワラを見たが、干潟に残る白骨林が印象的だった。網走－北見で夜行列車に乗り27日には旭川から旭岳ロープウェイ(旭岳－姿見)で北海道一の重鎮、<u>大雪山</u>(旭岳2291m、名11)に登り、硫黄噴気口・火山礫斜面と対照的な高山植物の優雅な百花繚乱のお花畑を見て探索鑑賞した。26・27日の夜行列車では旭川－北見間で車中2泊したが、札幌の病院往復の網走近くの農業者(8ha水田)と偶然車中で2回遭って胃の病気を聴き、体を長く使うと病気になる事を知った。28日旭川から札幌に戻り長沼を往復した。29日札幌から長沼・岩見沢を往復して北海道農試(北農試)で防風網の講演をした。30日長沼で徹夜気象観測をした。7月1日札幌より列車で帰京の途に就き、函館－(2日)青森－上

野で帰着した。

10月26〜28日（八幡平）：26日上野20:14発、27日盛岡－八幡平(1613m、名12)に登り11:25下山した。雨模様で鬱陶しいが八幡平・八幡沼の艶やかな紅葉は綺麗だった。盛岡に戻り泊まった。28日岩手大で農業気象東北支部会で発表した。盛岡－上野で23時頃帰った。

1979年8月26日（谷川岳）：上野－土合、駅の階段は486段で10分程かかった。晴天、谷川3山の谷川岳(1977m、名13)－一ノ倉岳(1974m)－茂倉岳(1978m)に難なく登ったが急坂を下る時、道を間違えて進退極まった。慌てたが迷った時の鉄則として思い切ってきついが登り返した。全体で4時間20分かかった。当日、絶壁の一ノ倉沢で2人滑落死した。山の怖さを肌身に感じ、身が引き締まると共に気の毒に思った。土合－上野で帰った。

9月8〜10日（北岳-間ノ岳-農鳥岳）：8日新宿22:30発、9日甲府4:30発、広河原6:15着で登り始め、原生林の森林帯から九十九折路を越え、やがて荒々しい岩場の八本歯ノコルからは東側の北岳バットレスの絶壁に圧倒され恐怖心を抱いたが、勇躍横を直登して①北岳(3193m2位、名14高7)に12:00登頂した。崖下を覗くと千尋の谷に思えたが気分は爽快だった。北岳はさすが貫禄のある山に相応しかった。続けて①中白根山(3055m)から①間ノ岳(3190m3位、名15高8)に登って1〜3位と富士山に繋がった。王者の風格のある北岳の山体は朝日が照らし眩しく綺麗だった。途中パラパラと来て富士山には頂上に層雲が掛かっていた。山の下層は暑かったが稜線に出ると寒く凍えそうで手袋が必要で、真夏の天候とは全く違った。間ノ岳を下り15:30に農鳥小屋に着いた。2日程の行程を1日で早く着いた。バスで一緒だったペアーは18:30に着いた。北岳・間ノ岳・農鳥岳は白根(白峰)三山と呼ばれており南アルプスの最高度の抜きん出た連山である。10日農鳥小屋5時起き5時半御来光を見て5:40発、①農鳥岳(西農鳥岳(3051m15位、高9)－(東)農鳥岳(3026m、三角点の標高))－奈良田11:30着だった。バスが出た直後なので西山温泉まで歩いた。また2人に遭った。バス13:40-16:15身延山着、身延神社に参拝してバス16:55発、身延17:26発、富士－東京22:09着で、5年振りに山の楽しさを満喫した本格登山だった。振り返ると

低標高から広葉樹林帯－針葉樹林帯(シラビソ類)－亜高山帯(樺類)－高山帯(ハイマツ類の森林限界)で植生・植相の変化を観察・堪能できた。

1979年9月27～29日(草津白根山)：27日新宿23:55発、28日雨で気分が滅入るが、茅野から美しい白樺湖を見た後、小諸経由で長野に出て善光寺を観光してから、長野農試での農業気象関東支部会に参加した。29日バスで志賀高原を通り緑が薄い高原の景色を鑑賞した。草津白根山(2171m)の山容は見たが頂上には行けず展望台(2100m)から火口に水が溜まった弓池を見た。湯釜の火口湖は青白で神秘的だった。松本－新宿18:11着で帰った。

1980年7月13～16日(八甲田山)：13日上野23時発、14日青森から木造で屏風山の砂丘地で防風網を調査してから黒石の青森農試を見学した。15日青森農試で風洞実験の会議後、ジープで八甲田山麓へ行きロープウェイで八甲田山頂公園(1310m)に登り、雨中の展望台から霞んだ森林・高原草地の景色を眺めた。八甲田山(1585m)の頂上には行けず、青森16:35発、16日朝帰着した。

1980年8月1～2日(富士山)：(車、家族)1日東京・西ヶ原14時半発、2日河口湖から富士スバルラインで富士山5合目19時着、晴れてきて頂上が見えた。吉田ルートを20時前に出て順調に登ったが、やがてるり子は睡眠不足か、7合目で休憩してかなりの時間寝させた後登ったが、真理子も富士山8合目(3250m)の少し上方で、高山病で具合が悪くなったので、登山を中止して8合目小屋で休憩した(2人5400円)。4時頃だった。自分は一度登っていたので妻だけが頂上に登る事になり見送った。真理子は頭が痛いと言って何回か吐いた。早く下りたいが妻が下りて来ないので仕方なし。子供達の具合と頂上に行った妻の安全を凄く心配した。残った3人は首を長くして待った。妻は3～5時間の予定を往復6時間40分かかったが見事登頂し、11時頃か8合目小屋まで下山して来た。皆で会えて本当に安心した。急ぎ須走ルートで下山すると直ぐ子供達の体調は回復した。下層は雲海で霧雨だった。富士山麓で胎内洞を見て18時過ぎに東京自宅に帰った。家族、特に子供達には大変苦労をかけ、きつい登山だった。夜の登山は無理で反省し戒めを痛感した。

1980年8月22～25日(槍ヶ岳-大喰岳-中岳-南岳-北穂高岳-涸沢岳

-奥穂高岳-前穂高岳-乗鞍岳)：22日西ヶ原－新宿22:30発、23日松本は雨で気持ちが萎縮した。また上高地出発後に雨となり、雨具を着けて登り槍沢ロッヂで休憩した。槍ヶ岳登山中に一時太陽が出た後、雨でずぶ濡れになり寒さで手が痺れ足は引擎るが何とか15時槍ヶ岳山荘に辿り着いた。殺生ヒュッテと槍ヶ岳山荘の分岐点から800mはきつかった。道を間違える事も何度かあった。道は滝のような谷川に変わり不明な所もあった。最後の3時間半は人にほとんど遭わず、非常にきつかった。ある男性は尾根に出ると楽だと言い、ある女性はもう直ぐだと励ましてくれた。残り200mでも本当に長く感じた。雨中の雪渓も歩いた。憧憬の的だった槍ヶ岳は若気の至りかと思えたが、やっと小屋に辿り着き着替えて布団に入り暖まった。60人程いた。乾燥室で乾かしたが余り乾燥しなかった。明日は晴れる事を期待した。夜に雨は止み霧になった。風はかなりあった。24日昨日と打って変わり信じられない程の晴天となった。4:20に起きて直ぐ足の竦(すく)みそうな槍ヶ岳(3180m5位、名16高10)に向かった。霧は時々あったが景観は非常に良く、山塊は造形美の傑作だった。晴天で冷えた中を登る内に、ある男性が手袋を持たず困っていた。こちらも一足だったが片手分を貸して鎖・梯子を登った。5:30小屋に帰り手袋を受け取った。朝食をして直ぐ6:30に出て槍ヶ岳－穂高岳の縦走にかかったが、鋭鋒槍ヶ岳を見返すと三角錐よりも文字通り剣とも思える屹立した山頂で、威圧的な峻山が微笑んだ感じがした。前方の一大山岳風景を眺めながら快調に進んだ。大喰岳(おおばみだけ)(3101m10位、高11)－(北ア)中岳(3084m12位、高12)(槍ヶ岳と南岳の中間点)－南岳(3003m17位、高13)までは直ぐだったが、峻険な痩せ尾根からの大キレットはさすがに目が眩むと言う感じだった。雪は所々残っており迫力を増した。長谷川ピーク(3841m)を越え北穂高岳(北峰－南峰3106m9位、高14)は10:00頃だった。北穂高岳から涸沢岳(3110m8位、高15)を経て②奥穂高岳(3190m3位)まで3時間の予定だったが早く12:00過ぎに着いた。②前穂高岳(3090m11位)は直下で時間と体力を気にしながら登り14:30着だった。荘厳な穂高連峰を振り返りながら、足が痛く喉が渇きへとへとで岳沢小屋に16:30に着いた。若く体力・脚力があり槍ヶ岳頂上込み15時間を12時間で踏破

した。槍ヶ岳からは14時間を10時間だった。25日時間を間違えて5:30過ぎに起き6:05発。ハイペースで下り2時間の所を1時間で上高地に下りた。実は時計が20分進んでおり余裕があった。ザックを背負う時に引掛かってネジが回ったか。8:15乗鞍岳行きのバスに乗った。途中トンネルが多く道が狭く離合に時間がかかった。10:35着で①乗鞍岳(剣ヶ峰3026m19位、名17高16)に登った。足が痛く昨日までの疲れが残っており緩慢だった。天気良く頂上からは槍ヶ岳・穂高岳・御嶽がよく見えた。下りる時には焼岳も見えた。昼食などでゆっくり休み名残惜しく乗鞍岳を14:10下り始めた。16:10新島々着、松本17:00着、特急17:23発、松本－新宿、車中寝苦しかったが22時過ぎに帰宅した。足にはマメが沢山できていた。最初は雨で難儀したが、充実した素晴らしい登山は槍ヶ岳－大喰岳－中岳－南岳－北穂高岳－涸沢岳－奥穂高岳－前穂高岳－乗鞍岳の最多9峰を踏破し、岳人の憧れの的である槍穂縦走の醍醐味を満喫し、かつ無事で何よりだった。1980年は10山余り登り登山付いた年だった。

1981年8月18 ～ 19日：18日(車、家族)筑波早朝発、日光で東照宮・華厳滝を見て中禅寺湖で遊び戦場ヶ原(1395m)でキャンプをした。かなりの時間は雨だったがキャンプ泊は楽しかった。19日湯ノ湖で遊び半月山P(1650m)に車で登って夕方帰った。

1983年5月3日：(車、家族)筑波から加波山(708m)と燕山(北峰701m－南峰698m)に登った。燕山は双耳峰で、燕山の北峰とNHK・建設省のアンテナ塔のある南峰である。筑波山域では、自然の山椒魚を初めて見た。山桜と卯木(紫)が満開で、橙色の山ツツジは平地では咲いていたが山地では少し早かった。

5月24 ～ 25日：(車)早朝筑波を出て福島から吾妻小富士山麓で防風ネットの調査場所を決め杉妻会館泊。25日深緑の土湯峠(1250m)を越え、素晴らしい猪苗代湖と五色沼の2湖をゆっくり見て郡山より帰った。

7月30日：(車)筑波－常陸大宮・放射線育種場を見学して袋田の滝を見た。月居山(404m)中腹で滝の上流を見て頂上に登ってから袋田の滝に下り帰宅した。

1983年8月6～7日(那須岳)：(車、家族)筑波から那須ロープウェイで那須岳(茶臼岳1915m、名18)に登り那須連峰の景色を楽しんだ。那須中腹キャンプ場泊。7日乙女の滝で木の

葉の化石を見た。塩原経由で14:45帰った。暑くて参った。もう山には行きたくないと思った。大病の前兆だったか。8月20日並木宿舎から梅園の自宅に移転した。10月22日〜12月28日に盲腸・腸閉塞・腹膜炎の瀕死の大病を患い68日間入院生活を送った後、奇跡的に退院できた。

（3）大病手術後から回復期5年間の登山

1983年12月1日(農環研発足)〜1985年4月(四国農試異動)〜1988年9月(四国農試最終)：

1984年8月1〜2日：(車)1日 筑波5:50発、福島－吾妻小富士山麓で防風ネットの観測に行き気象測器を設定して杉妻会館泊。2日現地は晴天だが風が吹かないため、吾妻スカイラインで吾妻小富士の浄土平(1600m)に行き40分で**吾妻小富士(1707m)**に登り、約1時間で火口を一周して桶沼を見た。噴気は普段シューと出ているそうだ。現地で測器を撤収した。3日福島から12時半に帰宅した。

1985年4月香川県善通寺市・四国農試に異動した。四国の香川・徳島・高知・愛媛県内を調査旅行した。

1986年5月28日〜6月2日：28日善通寺－新大阪－(29日)朝鶴岡に着き、鶴岡公園・致道博物館を見た。山形大での農業気象大会に参加し、29・30日に4題発表して31日にシンポジウムを開催した。6月1日見学会で山形から出羽三山を訪問した。出羽三山は月山(山麓の月山神社)、羽黒山(出羽神社)、湯殿山(湯殿神社)で、合わせて出羽三山神社と呼び、3社を祀る**羽黒山(414m)**を参拝した。湯殿山では大鳥居を見たが神社本宮には神殿はなく、習慣に従って素足でお参りした。途中雪を見たりサクランボを食べたりで楽しんだ。23:50筑波着、2日21時善通寺に帰着した。

1986年7月30日(**剣山**)：(車、妻)5時善通寺から平家の落人伝説で有名な徳島・祖谷渓の渓谷上に架かるかずら橋に着き橋を渡って揺れを実感し、祖谷川沿いに上り、9時に見ノ越に着いた。見ノ越から**剣山(1955m、名19)**登山は往復約3時間で、山肌のシラビソと笹の草原山陵が綺麗で、自然の穏やかな風情を醸し出していた。この登山で、大病後2年程度の回復状況を実感し至って嬉しく感じた。これで幾分自信が付き満たされた気分で善通寺に帰った。

1987年10月6日：(車、黒瀬氏)善

通寺から満濃池を見て、車で1000m程の山、**大川山**(1043m)と**竜王山**(1060m)に登った。香川にも急な山がある事を知った。美霞洞温泉の野菜会議に出席して帰った。

　10月18日：(車、妻)善通寺から**飯野山**(讃岐富士422m)に登った。赤外線放射温度計による標高別の気温(表面温度)観測が目的であった。頂上から瀬戸内海がよく見えた。飯野山は平野にある周囲6kmの独立峰で、何所から見ても円錐形の均整のとれた山である。

　1987年10月21〜22日(**石鎚山**)：(車)21日善通寺21:00発、23:00西条着、22日9:30ロープウェイを利用して成就社から登り始め13時過ぎに<u>石鎚山</u>(天狗岳)に登った。天狗岳の東の南尖峰・大砲岩にも登ったが急峻で目が眩みそうで、かつ強風で怖かった。14時過ぎに天狗岳を離れた。とにかく山と紅葉が素晴らしく17:00ロープウェイで下山した。西条18:20着で23時前に帰着した。

　1988年4月22〜23日：(車)22日善通寺5:50発、塩江経由で大釜の滝を見た。轟の滝は門のように囲まれた滝壺からの飛沫が見え、凄かった。海南経由で馬路から魚梁瀬杉(日本三大杉美林)を見に行き**千本木山**の麓(550m)から1000mの奥地まで登った。杉巨木は直径120cm(幹周3.8m)、高さ42m、250年生等であった。ツガ、モミ、ヒノキ、下木のサカキ、ツルシキミで覆われていた。美林を見て感動し嬉しく記名所に名刺を置いて来た。馬路で車中泊した。凄い悪路でタイヤがパンクしたがスパナーがなく苦労した。23日は何回かの釣りでウグイ12匹を釣った。高知・南国から大歩危・小歩危の奇岩と谷川の景観を楽しみ19時に帰った。

　5月27〜28日：(車)27日善通寺早朝発、四国カルスト**大野ヶ原**(石灰岩の高原、1200〜1400m)で、草原の中の奇岩を見終わった直後に強雨となった。高知・須崎から横浪県立自然公園(横浪黒潮ライン)に行って大展望台の下方付近の池ノ浦港で少々釣りをして車中泊した。28日釣りをして横浪半島を一周し青龍寺に寄って帰った。

（4）つくば市在住・Ⅰ期前期7年間の登山

　1988年10月(熱帯農研異動)〜1993年10月(農研センター異動)〜1995年10月(農研センター最終)：

　1990年8月26日(**筑波山**)：(車、家族)つくば発、裏筑波のユースホス

テルから山椒魚を見て筑波山に登った。最も低い百名山の地元になり、今後足繁く、最も多く登る予感がした。帰りに県下一の一ノ矢の大欅(幹周10m、樹高30m、樹齢800年)を見た。感慨深く感じたが、その後折損枯死した。

1990年10月4日～11月18日：つくば－北京、5～8日ウルムチ、9日トルファン(-155mアイデン湖無水白塩地)(～14日)、15～16日ウルムチ、17日**南山牧場**(天山氷河3700m)で少し歩くと高山病になったが写真は撮った。18～24日ウルムチ、25日タクラマカン沙漠・和田(ホータン)、26～27日和田－策勒(チーラ)、和田北の沙漠、28日和田－阿克蘇(アクス)－ウルムチ(～11月2日)、3日ウルムチ－柳園－敦煌、4日莫高窟、5日敦煌－柳園－ウルムチ(～8日)、9日トルファン、10日鄯善(シャンシャン)、**火焔山**(500m)に徒歩で登った。11日トルファン、12～14日ウルムチ、15～17日上海、18日上海－成田－つくば。

1991年4月20日～5月17日：つくば－成田－北京、21～22日北京(万里長城、景山公園)、23日北京－蘭州(沙漠研究所)、24日沙坡頭研究站、25日中衛－蘭州、26日蘭州、27日蘭州－北京、28日北京－ウルムチ(～29日)、30日～5月5日トルファン。5日タクスン－ウルムチ(～6日)、7日カシュガル(～8日)幹周5.8mポプラ巨木、バザール見物、9日パミール高原では氷河や高山植生・森林の景色を高山病に罹るも満喫した。**カラクリ湖**(天湖3600m)に行った。高山病に罹ったが食後回復した。10日喀図什(カトシ)－阿図什(アトシ)、11日喀什(カシュガル)－ウルムチ(～12日)、13日ウルムチ－上海、14日蘇州、15～16日杭州、西湖、茶産地・防風林、17日上海－成田－つくば。

1992年7月10日～8月9日：つくば－成田－北京、11日ウルムチ、12～16日トルファン、17日ボストン湖－庫尓勒、18日タリム川－庫車(クチャ)、19日＝キジル・スバシ、20日コルラ、21日トルファン、22～23日ウルムチ、24～27日北京、国際学会で防砂林発表、27日国際見学会(15人)で山行に出た。北京－黄山(飛行機)で華山賓館泊、公園を散歩し展望台から眺めた。28日5時半起きで散歩し7:30発、山地にある中国茶産地の段々畑を見学し、田植期から収穫期まで標高別に分布する水稲栽培を見た後、ケーブルカーで黄山の岩山に登って素晴らしい景色を眺め、H北海賓館で昼食をして

13～18時に黄山岩山に登攀し、よく歩いた。多数の黄山崖尖塔は山水画そのもので松・柏や飛石状の岩山を鑑賞した。29日4:35発で展望台に登り6:30に下り朝食をして7:30発で山コースを選び気象台にも登った。10:10にH玉屏で休憩し、景色最高の急峻な**黄山**(1800m)に登り下山した。途中、小便の臭いが鼻に付いた。きつかったが素晴らしかった。30日黄山－北京－蘭州、31日蘭州－武威－張掖－酒泉、8月1日＝嘉峪関、2日武威、3日蘭州、沙漠の風景が多かったが、高原の山越時に別世界とも思える菜種の見事な花畑を見て感激した。4日蘭州(列車)－(5日)鄭州(黄河)－新郷－試験站農場、6日延津－新郷(列車)－(7日)北京、8日北京(中山公園・魯迅園)、9日北京－成田－つくば。

1992年10月21日～11月24日：つくば－成田－北京(～22日)、23日ウルムチ(飛行機より沙漠・砂丘・天山鮮明初見)、24日**南山牧場**、25日＝阜康＝天池絶景ボグダ山、26日ウルムチートルファン、27日＝鄯善、傾斜33度の300m高の砂丘に登り、火焔山、高昌故城、アスターナ(ミイラ)を見た。28日トルファン、29日ルクシン、敦煌の鳴砂山に匹敵する程の200m高の砂丘に登った(軍砲弾訓練・危険)。30日～11月1日トルファン観測、2日タクラマカン沙漠一周5000km旅行に出発、トルファン－コルラ、3日クチャ、4日アクス、5日アトシーカシュガル、6日莎車－ヤルカンドホータン、7日洛浦－策勒(500年生胡桃)、8日民豊、50m金字塔砂丘(大砂丘に呑み込まれ胡楊大木埋没)、9日且末、10日若羌＝米蘭、11日コチェモーチャルクリクミーランルラ－阿尔干－タリム川末端、12日アルカンコルラートルファン、13～14日ウルムチ、15～16日上海、17～19日桂林(畳杉山、伏波山、独秀峰、18日石灰岩山、九馬画山、象頭山、芽穴山、象鼻山、19日鍾乳洞、駱駝山)、20日南渓山－桂林－上海、21日南京、22日南京(中山公園)、23日上海、24日上海－長崎－成田－つくば。

1993年10月16日：(車)つくば発、高速桜土浦(以降略)－日立から大子の山越え付近で水稲の冷害調査を実施した。イモチ病が激しかった。車で行ける茨城県最高峰の**八溝山**(1022m)に登ってから福島に下り、白河で白河関跡を見て冷害調査をしながら下妻回りで帰った。

1994年5月19～21日：19日(車)つくば8:30発、いわき中央－郡山で高速を出て猪苗代湖へ行くと風

が強く湖岸の砂が飛んでいた。西会津では阿賀川・銚子の口の急流を見た。新潟・阿賀町では三川の将軍杉(19.31m、38m、1400年、屋久杉を抜いて日本一)を観察した。新潟では冬に白鳥・鴨が集まる瓢湖を見て北に行き村上で車中泊した。20日村上で筥堅八幡宮の基石(地磁気を帯びたマグマのパワースポット)を見て山北龍燈の大杉を見た。鶴岡の鼠ヶ関(近世念珠関)を見て村上から南に下った。山形・小国に向けて荒川沿いに入り、新潟に引き返して胎内川を見た後、新潟海岸で防砂垣を見学し夕陽を撮った。最後に佐渡弥彦米山国定公園の**弥彦山**(634m)に登った。茜色の夕焼けが綺麗だった。三条から中之島見附で高速に入り山谷Pで車中泊した。21日朝9時に帰着した。

1994年7月9日(筑波山):(車、妻・真理子・マット)つくば－裏筑波－(ユースホステル跡地(3人)－御幸ヶ原)－つつじヶ丘(ロープウェイ)－御幸ヶ原－筑波山・女体山で行き違ったが御幸ヶ原で会えて弁慶七戻りを通って下りつつじヶ丘から帰った。

8月20～24日(八甲田山):(車)20日つくば12:50発、東北道矢板－紫波SAで車中泊。21日盛岡－宮古で崎山の潮吹穴を見た。田野畑の真木沢を見て引き返した。久慈の農業気象東北支部会に出てプラザH泊。22日5時半発、霧中、黒崎から安家洞鍾乳洞に行くが入れず。長泉寺の大銀杏を見て支部会に出た後、種市で窓岩を見たが見る角度が悪かった。八戸から十和田に行き藤坂の青森農試で穴水氏に会い見学して、青森内水面試験場のバーベキュー会を楽しみ、富士屋H泊。23日5時発、十和田湖を1周して一度黒石に下りて酸ヶ湯から八甲田山(1310m)にロープウェイで登り湿原ゴードラインから高層湿原の田茂萢(たもやち)湿原展望台を散策し青森に下った。青森－浪岡－五所川原－木造で青森農試砂丘分場に寄ってから竜飛岬に行った。津軽半島最北端で感慨深かった。引き返して木造で砂丘分場の松防風林の畑横で満月を見て車中泊した。24日屏風山から砂浜に出て山容の綺麗な岩木山を眺めた。弘前城を見て、帰心矢の如しで車を駆って高速弘前で入り矢板から17時帰着した。走行2100kmだった。

10月31日～11月2日(美ヶ原):(車)31日つくば6:30発、高速谷田部(以降略)－東京－豊科で出て木崎湖・青木湖に行った。紅葉は色彩豊かで綺麗だった。糸魚川では雨にな

り、親不知を通って富山・朝日町に行き食事して引き返し、海に近い親不知で車中泊した。11月1日6時発、柏崎・鯨波の福浦猩々洞を見たが青洞門のようだった。引き返して高田の北陸農試で積雪計・風速計を見た。移動して妙高高原・燕温泉では、滝を見て野趣豊かな露天風呂に入った。次に笹ヶ峰高原に行って高原を満喫した後、松本－安房峠(あぼう)(1790m)＝平湯温泉で車中泊したが、強風のトイレで冷えた。2日平湯に下り再度安房峠を越えて、上高地口前を通り乗鞍高原温泉に行き白骨温泉で噴湯丘を見た。松本から美ヶ原(1900m)では高原風景を存分に味わい、最高地点には行かず短時間で山を下りた。そして諏訪大社を見て高速諏訪－東京回りで18:50帰宅した。

11月26～27日：26日つくば－8時東京(新幹線)－名古屋、三重県菰野町・湯の山温泉からロープウェイ・リフトで鈴鹿山脈の御在所岳(御在所山1212m)に登った。見晴らしは良かったが風で寒かった。15:20に津・三重大での沙漠学会に参加し懇親会にも出た。27日早朝に津・偕楽園を見た。大安町では中国のカレーズ(地下導水路)に似た珍しい貴重なマンボを山間地で3ヶ所見学した。100～200年前によく造ったものと感心した。桑名－名古屋(新幹線)－東京で、20:10帰着した。

1995年3月2～3日(赤城山-榛名山)：(車)2日つくば7:35発、群馬・尾島の風食農地を観察した。群馬園試では茂木氏に会い場内を見学して冬景色の赤城山神社(1310m)に行った。積雪がありスキー場を見て山田屋に泊まった。3日榛名山(1100m)では上越の白い雪の連山がよく見えた。榛名湖では氷上のワカサギ釣りを初めて見た。妙義山に移動し大国神社と中之嶽神社の轟岩を見た。驚異的に急峻な岩山だったがほぼ登った。17時半着だった。

8月22～26日(瓶ヶ森-石鎚山)：22日荒川沖5:27発、羽田－松山からレンタカーで西条に着き、西条国際ホテルのライオンズクラブで気象環境の講演をした後、明治屋と実家に寄り、高速いよ小松－松山－八幡浜から佐田岬半島付け根の伊方町の農業公園(風車)を見て、三崎から日暮れ19時に愛媛県最西端の佐田岬に着いた。灯台を見にライトを持って行き車中泊した。星が見えた後、大雨だった。23日5:00発、道路が閉鎖されると困るので八幡浜に戻っ

た。大洲から肱川に行き展望台から肱川嵐の吹く地形の写真を撮り、石鎚神社岳山遥拝所に登った後、肱川町・風の博物館を訪問・談話し本を寄贈する事にした。美川－石鎚スカイライン東方の瓶ヶ森(1897m)に去来する霧と風の中、登山口から30分で登り暗い中、ライトを点けて20分で降りて車中泊したら天ノ川がよく見えた。24日土小屋6時発、石鎚山(弥山1972m)に登ったが天狗岳は強風・霧で割愛した。久し振りに石鎚山、瓶ヶ森に登ったが、昔のように縦走しなくても車で比較的近くまで行け、頂上の登り降りができて便利で楽になった。西条・実家着。25日8:05発、観音寺に行き、三豊農業共済組合で気象環境の講演をして西条に戻った。26日6時発、由緒ある伊曽乃神社を参拝して新居浜・別子でマイントピア・滝を見て西条に戻り、高速いよ小松から北吉井で柏槇の巨木を見て松山－羽田－上野－荒川沖で21:45帰着した。

9月8～10日：(車、妻)8日つくば23:30発、9日東京－高速豊科を出て4:30扇沢に着いた。扇沢＝黒四ダム＝大観望＝室堂＝弥陀ヶ原・天狗平で、アルペンルートのトロリーバスで黒四ダムに出た。凄い快晴、スケールが大きく絶景だった。黒部ダムを歩き黒部湖からケーブルカーで黒部平に出て展望台から黒っぽい後立山連峰を下から見て、ロープウェイで大観峰に行き再び後立山連峰を眺望してトロリーバスで室堂(2450m)に出て立山連峰の絶景を見て青いみくりが池を見ると共にカルデラ・高山の中、ガキ田(池塘)を見た。雲が立山(雄山)を越えると少し雨が降った。帰りに黒四ダムでくろよん記念室に寄った。建設時の難工事に感動した。高山・ダムの景色を堪能し充実した素晴らしい実質1日だった。高速松本－東京で、10日2:15帰着した。

10月15～20日：(車)15日つくば6:55発、東京－河口湖から山中湖を一周した後、荘厳な富士浅間神社に行き鹿の角切りと富士太郎杉(8.2m、45m、1000年)・次郎杉・夫婦檜を見た。溶岩樹形・胎内潜・氷穴を見て苔の多い青木ヶ原樹海の森林を1時間歩いた。河口湖－西湖－精進湖・諏訪神社(精進杉10m、40m、1200年、2本)を見て本栖湖(上九一色)で富士本栖湖H(ロッジ4泊)に入った。16日朝本栖湖を一周して国際沙漠会議開会式に出てから富士山5合目(2300m)を往復した。17日国際会議に出席し夜の講演会では防

風林を発表し質疑応答し交流会を楽しんだ。18日忍野八海を見て富士山の写真を撮ってから会議に出た。海の沙漠化の講演は夜NHKテレビで放映され見られた。19日身延山－昇仙峡－金桜神社－武田神社－荒川ダムを見て来たら見学会は何と同じ昇仙峡(1日2回の訪問)とワイン工場だった。20日白糸・音止の滝－富士五合目－箱根－芦ノ湖を回り東京経由で18:10帰着した。

(5) つくば市在住・Ⅰ期後期3年間半の登山

1995年11月(農環研異動)〜1999年3月(農環研最終)管理職時代：

1996年6月7日：(車)つくば4:06発、福島国見－仙台南から以前見損ねた阿武隈高原中央県立自然公園のあぶくま洞を再訪した。**大滝根山**(1193m)の山麓にあり鍾乳洞・滝根御殿の天井は大きく高く立派だった。宮城・亘理町の称明寺ではスダ椎(10.2m、14m、700年)を観察した。いわき・沼尻では椹(サワラ)(9.4m、32m、800年)の枝が地面に着いた後に幹立ちした独立木4本があり、植物親子の不思議さと生命力を感じた。いわきから22:43帰着した。

1996年7月19〜20日(**蔵王山**)：(車)19日つくば4:40発、山形北－天童で行き、天童市東方のジャガラモガラ(東西90m南北250m、深さ100mの窪地)で、特に南端の550mの等高線で囲まれた東西30m南北62mの擂り鉢状の窪地の風穴盆地で夏季にいきなり気温2.8℃(湿度100%、風速1.5m/s)を観測して驚嘆し、測器が狂ったかと思った。雨呼山(906m)に観測で登った(高度差400m)。以降、2年程で足繁く30余回登った。上層部は樅密林だった。観測後、山形蔵王温泉から蔵王エコーライン・ハイラインで蔵王刈田山頂P着、①**蔵王山**(刈田岳1758m－熊野岳1840m、名20)に登ってから車中泊した。20日刈田岳と剣ヶ峰(1580m)に登り刈田岳の尾根では御来光とヤマセ滝霧(太平洋からのヤマセ・山越え霧雲)を見て感動した。頂上は快晴で見晴らしが良く、下層は雲海で下界は霧・小雨だった。白石で小粒椹・左巻椹の巨樹や小原の材木岩を見て、高速国見で入り17時に帰った。

8月18日(**筑波山**)：(車、妻・るり子)つくば発、筑波山頂上で雨は止み、男体山－女体山－弁慶七戻りの白雲橋コースで下山。弁慶巨石は絶妙の均衡で落下しないのが何度見ても不思議だ。山ではギボウシが沢山咲い

ていた。筑波山中腹尾根でハンググライダーを見て、八郷のフラワーパークで草花・花木を楽しみ帰宅した。

1996年9月1～18日：つくば－成田－北京、2～3日ウルムチ、4～5日トルファン、6日(鮫島・藩・伊・遼氏)長距離苦難調査、コルラ、7日若羌、8日茫崖落下橋の迂回多数回、9日大柴旦－格尔木(ツァイダム盆地)、山岳砂丘、塩殻地、悪路パンク3回、10日青海省・格尔木(車修理)＝崑崙山口(4772m)・西蔵神社記念碑(夜中ホテルで激頭痛の高山病)、11日格尔木－阿尔金山付近の当金山口(3800m)－敦煌、砂丘・草原・防砂垣・草方格、乾熱風・飛砂、12日三危山(莫高窟)－哈密、13日鄯善－アイデン湖－トルファン(飛砂)、14～15日ウルムチ、16～17日上海、18日成田－つくば。

中国での標高4772mは国内外を通じて最高だった。著書(真木・真木、1992、真木、1998)を執筆した。

10月6～8日：(車)6日つくば5:20発、天童－ジャガラモガラ盆地・風穴9:40着、下地獄・上地獄で観測、道なき道を藪こきして昼夜・移動観測し雨呼山(906m)に4回登った。7日5時に観測終了。8時発、郡山に出て郡山総合福祉センターの農業気象東北・関東支部会で発表した。8日1時に帰着した。

1996年10月18～21日(**乗鞍岳**)：(車、妻)18日つくば22:00発、東京経由で19日白川郷6:00着、1200mの高地を越えて行き、城山から白川郷の合掌造とその内部を多数見た。茅葺きの大型建造物は特別な印象だった。庄川の里を見て高山に入った。高山祭の屋台は背が高く素晴らしく、木製の塗り物の車は過去最大規模だった。13:00絡繰り人形を見たが背が高く遠く離れ、細かい仕草は判然としなかった。12台の内7台の屋台を見た。14:50に高山を出て飛騨の匠文化館を見て乗鞍スカイラインで②乗鞍岳(乗鞍畳平、2700m)に行くが雪が積もり始め駐車場は閉鎖、急き立てられて下り、新平湯温泉の民宿に泊まった。20日沢渡大橋で車をバスに乗り換え上高地に入ると唐松が黄葉で人が多かった。大正池ではカモ・オシドリが餌を啄みに来て手で触れた。河童橋まで行き、12時半のバスで上高地を離れた。14時頃に乗鞍高原に行くがスキー場までしか行けず、国民休暇村で池・滝を見て、時間調整して17時に乗鞍高原を後にし、松本－東京で21日0:30に無事帰着した。

11月29〜30日：29日つくば発、羽田－札幌、北農試で推進会議寒地防風林に出席した。札幌22時発、函館から青函トンネルで青森30日5:18に着き、秋田・陣馬駅より2km雪中(積雪15cm)を歩いた。長走(矢立)風穴(165m)は**国見山**(454m)山麓にあり、上方まで登り下りした。農家の管理人と話し長走風穴高山植物群落(国の天然記念物)を観察した。盛岡(新幹線)から19時帰着した。

1997年3月26〜30日(宮之浦岳)：(車)26日つくば14:40発、荒川沖(JR)－羽田18:10着、機中から大きいヘールボップ彗星を見た。鹿児島21時頃着、旅館入舟泊。27日8:50-9:30屋久島着、タクシー(5980円)で荒川登山口に着き、胸を弾ませ歩き出した。谷には大きい花崗岩があった。やがて山の神があり、小杉谷を木材搬出用軌道(廃道)沿いに登った。最初に三代杉を見て高く勢い良く育っており生命力を感じた。急坂にかかると剥き出しの木の根が凄かった。次に仁王杉が出て来た。少し疎らな樹層にウイルソン株があり、巨大な株中に入って写真を撮った。大王・夫婦杉を見てやっと縄文杉に17:30着いた。時間がかかったが念願の巨杉が見られた。大枝が落下しており、左横に大きい空洞があった。写真を撮り山の空気と共に巨樹から精気をもらった。途中、鹿・猿を結構見た。高塚小屋に18時頃着いた。数人泊まっていた。夕方明るく周辺に鹿がいた。28日6:10発、笹が増え見晴らしが良かった。可憐な石楠花(シャクナゲ)が多くあった。小高塚岳(1501m)を越え第一・二展望台で眺望した。平石(1707m)を経て最後の急坂を登り九州最高峰の**宮之浦岳**(1936m、名21)に登頂。3人いて写真を撮ってもらった。霰が降った。頂上で昼食して仰向けになり少し寝た。栗生岳(1867m)を通り、3ピーク(翁・安房・投石岳(なげしだいら))の西を通って投石平を経てその名も床しい花之江河(はなのえごう)の高層湿原に着いて休憩して情報を集めた。一組は、石塚小屋は良いが昨年の台風によって山道が荒廃し倒木を越えるのが大変だと言い、もう一組は石塚に泊まると言う。迷ったが安全と時間を考えて宿泊地を変更して安房(あんぼう)歩道を下り18時淀川小屋に着いた。道の荒廃を教えてくれた人に感謝、正解だった。小屋では入り口脇にした。夜中は大雨だった。29日6:30雨中発、強風大雨でずぶ濡れになった。雨具で視野が妨げられ3回も頭を木に打ち付けた。小屋から雨中をやっと淀川登

山口に下山してトイレに行くと大雨の中、タクシーが来て人が下りたので偶然乗れてラッキーだった。それでヤクスギランドに行き50分コースを散策した。仏陀杉を見て、吊橋上から凄い轟音の激流を見ると、荒ましかった。1列に生えた杉(倒木更新)は興味深かった。強雨の大粒の雨は初体験で最高に凄かった。ヤクスギランドからバス(外国人女性2人がブレーキ故障で自転車をバスに持込)で安房に下り民宿安房に行った。少し休み強雨の中を1時間で千尋の滝(せんぴろ)を見に行った。雨は止み、まず鯛ノ川(たいのこ)に下りた。激流が海に直接流れ込んでいた。滝の落差は60m、西側は高さ250m・幅300mの花崗岩のスラブ(一枚岩)があり凄かった。特に大雨で増水した水が一度に流れ出し、水しぶきは前方に、また横にも霧状に高く飛散していた。体が濡れ、気力が減退し、登山は止めて民宿に帰ると、1人なので外食を頼まれた。外食の焼き飛魚定食は美味しかった。乾燥機を付け炬燵で乾燥させ助かった。30日7時発、枕状海岸を見た後、ヘゴを獲ろうとして滑り、頬・上腕・脛・手の平を擦りむく外傷で血も少し出た。眼鏡も曲がりレンズが外れ破損した(バス内でレンズを落としたが教え

てくれた)。その後ガジュマルを見た。バスで安房を越えて屋久島空港に行き、荷物を預けて海岸を見たら迫力のある絶壁で風が強かった。悲喜こもごもの貴重な山旅だった。鹿児島－羽田－荒川沖で、22時帰着した。

4月25～26日(蔵王山)：(車)25日つくば5:30発、天童9:30着、ジャガラモガラ風穴の斜面には雪があった。夜間観測(18時～9時7回)をした。積雪の雨呼山に何度も登った。片栗、福寿草、一輪草を見た。データ収録でパソコン不調だった。26日9:20発、②蔵王山経由で高速白石から船引三春で出て幾分満開の過ぎた三春滝桜を見て20時帰着した。

5月31日～6月8日(瓶ヶ森-石鎚山)：5月31日つくば－羽田－鳥取で鳥取大の沙漠学会に参加、沙漠写真コンテスト2位だった。6月1日鳥取城跡・仁風閣を見て、学会発表し国際シンポに参加。2日鳥取大で講演して西条に行った。3日8:50発、伊予富士(1756m)に登り雨に濡れたが東黒森(1735m)にも登った。車で移動して登った瓶ヶ森(女山1897m－男山)では願を解き新たに掛けた。ピンクのミツバツツジは綺麗だった。西黒森に向かったが逆のヒュッテに下り瓶ヶ森まで引き返した。雨で疲れた

ので断念して土小屋に16時下りた。ロッヂは閉まっており車中泊となったがよく寝た。4日5:50発、石鎚山(天狗岳1982m)頂上は霧で霞んでいたが透けて見え、少し陽も照った。霧の中を二ノ森(1930m)に登った。道が悪く2組に遭ったのみだった。濡れているので止まると冷えるため、とにかく歩いた。財布まで濡れた。16時頃に晴れて来て伊予富士・子持権現山が見えた。車に戻り着替えて西条に降りた。5日快晴で石鎚山がよく見えた。伊曽乃神社・楠神社・武丈を見て京都に出た。6～8日京都大の農業気象大会で発表・司会等をして8日京都(新幹線)－東京で、23時帰着した。

1997年9月20～29日：(妻)20日つくば－成田－パース、21日エスプラナデ・王立公園、パース－カルグーリ、22日7:25発、22～25日豪州の国際沙漠会議に参加し23日気象・作物・砂丘を発表した。奇遇にも南極に行く時に訪問した金鉱の町カルグーリを訪れ懐かしく感じた。24日レオノラ往復、金鉱・ゴーストタウン、暗黒夜(天の川、南十字星)を体感、25日博物館、金鉱、ユーカリ、羊等を見て、カルグーリ－パース、26日パース－エアーズロック間の豪州中央部で飛行機から10～100kmの長距離に繋がる砂丘を見た。オルガ石群を3時間散策し一周した。丸みを帯びた赤い岩山は特徴的だった。夕陽の当たる茜色の神秘的なエアーズロックは正に神々しかった。27日日の出ツアーで6:40日の出を見てから大平原を走り、単独の一枚岩エアーズロック(348m)に妻を下から支えながら急坂を登った。頂上からの眺望は天下一品で、平原にぽつんとあるオルガ群も鮮明に見えた。3時間近くかかった。怖かったが達成感があった。パースに戻った。28日パース－ピナクルズ往復、白い海岸砂丘を見て走り感激した。植物も特異で綺麗だった。道に迷いパニックになったが何の事はなかった。パース22:45発、29日9:20成田着だった。

1998年5月22～24日(蔵王山)：(車、妻)22日つくば18:30発、矢板－天童でジャガラモガラ0時着。23日ジャガラモガラ盆地・風穴で気象観測を行った。大地獄風穴の盆地底(535m)の気温0.3℃、800mの気温15℃で、極強の気温逆転だった。盆地と雨呼山を何回も往復して観測した。下る時にカモシカに遭遇した。中腹に咲いていたレンゲツツジ・ウツギが綺麗だったが、盆地の底は逆

転層と風穴冷気でツツジは全く固い蕾だった。これが気温の逆転と植生の逆転現象である。高山植物が盆地底にあり山の中腹にはなく、開花は上から紅葉は下からの逆転現象だ。2年間で観測した風穴の最低気温は12月-7.6℃、3月0℃、6月17日まで0.1℃で、ゆっくり上昇して7月1℃、8月2～3℃、9月4℃、9月28日～10月16日に向度もの5.3℃で風穴の最高気温だった。観測後、天童駅近くの旧村山郡役所跡に行き写真を撮った。続いて③蔵王山(刈田岳1758m)に登って緑色の御釜を見た。こまくさ平の賽の河原や不動滝・三階滝を見て山を下り、遠刈田温泉(とおがった)で入浴して、高速白石で24日1:50帰着した。

天童市のジャガラモガラ風穴・雨呼山の盆地・風穴気象観測(1996年7・10・11月 ～ 1997年4・8・11月 ～ 1998年5・10月)の記事が、ジャガラモガラ山形・天童の謎、植物分布が高低で逆転(愛媛大・教授解明へ)で1999年6月15日付毎日新聞(夕刊)特集ワイドに大きく掲載され鼻高だった。

7月4日(奥白根山)：(車、妻)つくば4:40発、日光－金精峠－菅沼登山口8:00発で火山の奥白根山(日光白根山2578m、名22－南峰)に登った。頂上は火山岩で覆われていた。この日は当夏初の35℃を越えた猛暑日だった。登る途中暑さと寝不足で少し目眩がした。頂上は12:00着。妻は遅れ気味だったがよく頑張った。五色沼経由で16:30に下山したが最後に雨に濡れた。戦場ヶ原を見て18:00に出た。いろは坂で猛烈な雷雨に遭い宇都宮まで続き、茨城県で止んだ。21:30帰着した。奥白根山は関東以北・東日本一の最高峰だが地味で余り知られていない。

1998年7月28日～8月2日：28日つくば－羽田－札幌、28～30日札幌・北海道大(北大)の農業気象大会・総会・懇親会で発表等をした。30日夕新千歳からレンタカーで強風の襟裳岬(0時)に行き車中泊した。31日襟裳岬から釧路湿原に行くと、花はアヤメ程度だった。根室から納沙布岬に行き最東端に立った。標津から知床五湖に行き1湖見たが熊が出るので止めた。鹿は沢山いた。斜里を通って網走に21時に着いたが給油所は閉まっていた。偶然に北見の車に聴いて案内してもらい助かった。網走湖畔で車中泊したが、最初の北旅行、網走での野宿を思い出した。8月1日原生花園の花と斜里

では防風林を見て霧の摩周湖に行った。展望台で野宿した事を思い出した。屈斜路湖では和琴半島を見た。美幌峠まで行くと天気良く素晴らしかった。もう一度執念で屈斜路湖から摩周湖に戻ったら霧が晴れて鮮明に見え感激した。川湯硫黄山では硫黄の噴気口を見て屈斜路湖の砂湯に行った。阿寒湖の眺望の良い双湖台から眺めた後、阿寒湖に行くが公園林内を1周したのみで観光地化して興ざめだった。帯広から芽室の北農試畑作センターと道農試十勝支場を見て、鹿追町の扇ヶ原展望台と然別湖の展望台とで車中泊した。2日糠平湖から層雲峡に行き大函を見た。層雲峡からロープウェイとリフトを利用して黒岳(1984m)に登った。登山は2時間程だが9合目付近にある特徴的なマネキ岩を見たのは、平場を多く観光する中での、1つの貴重な体感だった。入口門の威厳のある大岩は強く印象に残った。旭川で高速に入り札幌で出て入って支笏湖湖岸を見て憩い、新千歳－羽田で21時過に帰着した。

　1998年8月10～11日：(車、妻・るり子)10日つくば23時発、11日金精峠－鳩待峠4:30着。家族での尾瀬4又路－尾瀬沼(1660m)の湿地歩きは自然に親しめて楽しかった。よくも10時間も木道を歩いたものだ。14:40大清水着、帰りに足尾銅山跡を見た。20:30帰着した。

　1998年10月10～11日(丹沢山)：(車)10日つくば4:18発、6:50秦野(戸沢)－塔ノ岳口より塔ノ岳(1491m)－丹沢山(1567m)を越えて不動の峰(1614m)－鬼ヶ岩(1608m)より蛭ヶ岳に行く時、鬼ヶ岩の鎖を下り少し登る途中で両足の引付(痙攣)を起こした。その後少し進んだが、絶念して休々歩いたら1時間程で回復した。弁当忘れで空腹のためだったか。塔ノ岳の小屋でカップラーメンを食べて一息つき、秦野に下山して忘れた弁当を食べた。14:50発、早川で渋滞したが伊豆網代の別荘地の多い急坂道を登って18:25に農工大同級会に出て懇親会を楽しんだ。11日8:50発、高速乗り継ぎで大山に引き返し、ケーブルカーで国定公園丹沢大山の夫婦杉を見て大山(1252m)・阿夫利神社に11:30～14:30で登った。18時半に帰った。

　10月20～23日(吾妻山)：(車)20日つくば21時発、福島松川Pで車中泊。21日仙台・宮城県民会館の気象学会秋季大会で発表した。牡鹿・鮎川港より船で島に渡り金華山

(444m)に登った。激しい鹿の食害を感知した。牡鹿半島を一周して仙台に出てから天童に行きジャガラモガラの下地獄で風穴気象を観測した。22日下地獄へ下から登って観測した後、仙台西方の県立自然公園二口峡谷の磐司岩(高さ100m余の柱状節理)を見て宮城川崎で高速に入り南陽から米沢に行き上杉鷹山展(ケネディ元大統領の尊敬した人物)を見た。藩立て直しの貢献に感動した。吾妻山の天元台にロープウェイで登り遠方の火焔滝を見た。下山して西吾妻スカイラインの福島側で車中泊した。2台の車がスピンなどのレースをやり煩さく感じた。23日桧原湖で五色沼(4沼)を回り東川ダム(屏風岩・大岩)を見て会津若松で鶴ヶ城に上ってから南に下り、塔のへつり(層状地層の塔岩)と中山風穴を見た。雨だったり満天の星空だったり目まぐるしかった。高速今市－在来道で22時帰った。

11月19〜21日：19日つくば－羽田7:25-8:30八丈島、都農試・八丈島園芸技術センターを見学し、国際ホテルでの農業気象関東支部会で一般発表とシンポジウムで風の功罪を講演した。20日見学会では黄八丈織物・地熱発電所・風力発電所・園芸センター・ふれあい牧場の見学は楽しく有益だった。21日朝釣りをした。八丈富士(854m)は強風だったが火口東端から降り地下森林と苔の被覆を見た。異様な感じで凄かった。火口から出て風穴も見た。火口底は危険だったが充実した3日間だった。ストレチアの花をもらい、八丈島－羽田で21時帰着した。

(6) 松山市在住・繁忙期2年間の登山
1999年4月(愛媛大異動)〜2001年3月(愛媛大最終)：

1999年8月23〜25日(**大 山**)：(車)23日松山5:00発、今治から瀬戸内しまなみ海道を通って大山祇神社で楠(2500年)と耕三寺(西日光)を見た。広島・福山－帝釈峡で世界有数のアーチ状の雄橋・雌橋を見て、岡山・新見の巨大な羅生門と草間の間歇冷泉(4〜10時間毎に50分程12℃の冷水が流れるサイフォン現象)を見て満奇洞(11℃冷気)に行き、高速蒜山高原SAで車中泊した。24日蒜山高原を一周して大山登山口へ行き、大山寺・大神山神社から行者谷コースを取った。中腹は急だったが上層は緩く風が弱いため雨に煙った中を傘を差して大山(弥山1709m、名23)に登った。最高点の剣ヶ峰(1729m)は立入禁止で絶念し

た。15:00に下山したが急に晴れて大山が見えた。山でなく残念だった。米子－弓ヶ浜－境港から美保関では地蔵崎の美保関灯台と北側の美保の北浦を見た後、引き返して米子に出た。岡山道から瀬戸大橋で日付が変わった。25日高瀬－石鎚等、何度も寝て松山5:10着、実質2日間だった。

11月9～13日(木曽駒ヶ岳)：(車)9日松山13:45発、瀬戸大橋(与島)－山陽・名神・中央道の駒ヶ岳SAで車中泊した。10日駒ヶ根から木曽駒ヶ岳ロープウェイで①木曽駒ヶ岳(千畳敷2612m、名24高17)に急登し、直ぐ雪のある山道を歩いたら高山病気味になるも、晴天で雄大な駒ヶ岳カール(圏谷)を見て高山気分を満喫して下山した。伊那・信州大の農業気象関東支部会に参加して閉会挨拶をした。11日権兵衛林道－木曽福島から御嶽山麓の御嶽神社に行き田ノ原で三笠山(2256m)に登った。晴天で御嶽の見事な眺望ができた。中山道19号線を木曽川沿いに下り中津川を通って多治見で高速に入り、名神・山陽道で岡山に移動した。12日倉敷・岡山大の農業気象中四国支部会シンポジウムで閉会挨拶をした。13日倉敷から西条に寄り、松山に23時帰着した。

風穴観測時の登山：

1999年12月10・11日：(車)松山発で皿ヶ嶺(1271m)・風穴(950m)に行った。松山南東方の重信町(現：東温市)の皿ヶ峰県立自然公園に行き、皿ヶ嶺の風穴に気象観測用の温湿度計を設定し周辺を調査した。帰りに四国88ヶ所46～50番札所を見て回った。

2000年7月10日：風穴で0.2℃の低温を観測した。長期の温湿度計を設定した。神秘的なブルーの高山植物ヒマラヤノケシ(冷温の風穴域に適する)を鑑賞した。

2001年1月9日：1999年12月から1年経ち、皿ヶ嶺風穴の気象観測が無事終了したため、データ収録し気象測器を撤収した。

2000年6月1～2日(寒風山-瓶ヶ森)：(車)1日松山4時発、西条から6時寒風山登山口着、雨で待機し晴天になり7:40発、急な桑瀬峠で尾根に出た。途中雨も降り9時頃より晴天となった。寒風山(1763m)から笹ヶ峰(1859m 2回目)を往復した時、少し風があり寒かった。車で移動し東黒森(1735m)と自念子ノ頭中腹を登下降し18:30車中泊した。2日4:50発、西黒森(1861m)、瓶ヶ森

森(1897m)、自念子ノ頭(1702m)を車から各往復した。かなりの強風で寒かった。11時西条に下りて滑川渓谷に行き龍の腹・熊の爪・奥の滝を見て15:30帰宅した。納豆で便秘したが浣腸2回で解消した。今後納豆は止める。

2000年6月16〜17日(**石鎚山**)：(車)16日松山4時発、ゲートは7時開通し石鎚スカイラインで、土小屋7:50発、岩黒山(1746m)＝手箱山(1806m)＝筒上山(1860m)を往復して13:00頃土小屋着、石鎚山(天狗岳1982m)を往復して18:45下山、計11時間だった。晴天で雄姿の石鎚山は新緑で素晴らしかった。イワカガミが咲いていた。途中足を踏み外した時に痙攣を起こしたが回復した。石鎚山頂は工事中だった。これとは別に山が荒れている所があった。土小屋に下り19時ゲートPで車中泊した。17日雨のため面河渓谷の新緑を車中より眺め、捲土重来として7:30松山に帰着した。

7月1日：(車)松山5:30発、八釜甌穴は2度目で穴の形状が面白かった。面河渓谷では虎ノ滝、紅葉・錦・赤沢、上熊渕・下熊渕・パノラマ台等を見て回った。それぞれ特徴的で素晴らしかった。丁度、雷雨になり面河山岳博物館の展示を見た。**岩屋寺**(670m、45番札所)の礫岩絶壁は程々だった。19時帰着した。

10月21日：(車)松山3:30発、5:30新居浜・東平(とうなる)から登り始めたが、山道案内が悪く4回間違え、またヒュッテ行きは意味なく1時間半遅れた。かつ2回転び右手平を木の先で突く怪我をした。**西赤石山**(1626m)では、特に赤色紅葉の景色が良かった。銅山の影響で灌木・植生に特徴があった。東赤石山(1706m)に行く途中、足が痛くなり止めて霧の中を14時に下山した。別子銅山歴史資料館を見て西条に寄り、20時頃帰着した。

2000年11月3日(**石鎚山**)：(車)松山5:30発、西条6:30発、哲甥を乗せて行き小雨になったが、8:30雨に煙る霧中を土小屋より登り始め石鎚山(1982m)に2時間で登った。山頂で弁当を食べると入歯が折れた。西ノ冠岳(1894m)に笹原を薮こきして登った。三角点の石鎚山(1921m)には行かず、土小屋に引き返して面河側に下ると晴れて、石鎚山がよく見えた。紅葉の面河は至って綺麗だった。川内町への九十九折の道を回り、西条17:50に着き甥を下ろして22時に帰着した。

11月4日：(車)松山発、**高縄山**

(986m)に車で登った。頂上周辺は四国のこの標高では珍しく橅林だった。電波塔横の展望台に登った。北条市(旧)の鹿島に渡り鹿を沢山見た。入れ歯を修理した。

2001年1月12日：(車)松山9時発、11時前に石鎚登山ロープウェイの下谷駅に着きザック・登山靴・弁当・手袋・防寒具を忘れた事に気付いた(車乗り換え時忘れ)。仕方なく行ける所までと思って不備な防寒具、特に靴が不十分で寒かったが成就駅に着いた。外に出ると低温のため雪はサラサラで真っ白だった。真冬の石鎚山・瓶ヶ森を眺め感激した。雪上に兎の足跡を多く見た。歩き始めると丁度偶然に靴下を別々に見付けて拾い(一方は霜が付着、山の清掃に貢献？)、ビニールで両面をカバーし応急対応して雪道を30分余で**成就社(1450m)**まで歩いた。神社内の奥の大窓から眺めた雪の石鎚山は格段に素晴らしかったがカメラは不調だった。ロープウェイは上り11:00、下り13:40だった。下山後、横峰寺(745m、60番札所)に行き、西条に寄り19時に帰着した。

(7) 福岡市在住・超繁忙期6年間の登山

2001年4月(九州大異動)～2005年10月(日本学術会議会員)～2007年3月(九州大最終・同会員)：

九州大(九大)(福岡)に移ってからは登山をしていなく、ようやく1年半経って2002～2005年に福岡を中心に20山程登った。多くは車を利用して妻と登った。2005年からは本州での本格登山も再開した。

2001年12月22日：(車、妻)福岡6:20発、諫早観測の地形特性把握のため、長崎道から諫早で有明海の入江湾・干拓地の水門を見て島原に行き島原湾を眺めた。深江で雲仙普賢岳噴火災害の悲惨な被災家屋保存公園を見た。雲仙は1964年3月に初一人旅で訪問した記憶が蘇った。口之津の果樹試口之津支場を見て、**雲仙岳**の1000m高地への登坂は雪霰・積雪で心配だった。尾根から眺め、活発な荒々しい火山の様子を想像した。長崎から20時半福岡に帰着した。

2002年9月8日：(車、妻)福岡＝**立花山**(367m)、9:30発、大谷口林道経由で登った。市内が綺麗に見えた。立花山は海側から特徴的な3峰が目立ち、九大農学部2号館5階屋上からよく見え、福岡に戻って最初に登った山だった。頂上部は平で立

花山城跡があり、南方には三日月山がある。楠原生林の特別天然記念物として、多数の巨木(幹周8m、樹高30m、樹齢300年、600本)があり、特異で他に類を見ない貴重な森林を観察した。14:30帰着した。

2002年9月15日：(車、妻)福岡＝宝満山(830m)、10時発、九州では英彦山、背振山と並ぶ修験道の霊峰である宝満山(別名御笠山・竈門山、花崗岩の山)に登った。射撃場を見て12時に登り始め15時に頂上に着いた。巨岩が印象的だった。仏頂山(869m)に向かったが時間がかかるので引き返した。金の水(中宮跡)付近で2回も道を間違えて17:30下山した。

10月26日：(車、妻)福岡＝**英彦山**(1199m)、6:00発、羽黒山、大峰山と共に日本三大修験山である英彦山に登った。英彦山神宮まで快晴だったが巨木の鬼杉(12.4m、38m、1200年)を見る頃に雨となった。1991年等の台風で大枝が折れて痛々しかった。付近には杉の大木が多いが倒木や枯死樹で荒れていた。長く歩いて玉屋神社(窟)を見たが、きつかった。19時帰着した。以前の標高は切りの良い1200mだった。

2003年4月27日：(車)福岡＝
せふりさん
脊振山(1055m)、脊振山(東背振山)にかなり時間をかけて登り、橅林を観察した。紫色のツツジや藤花が綺麗だった。日米のレーダー施設があった。市内・玄界灘がよく見えた。10時に出て15時には帰った。

5月3日：(車、妻)福岡9:00発、一本松公園(昭和の森)から頭巾山
とっきんやま
(901m)経由で三郡山(936m)(航空監視レーダー)に登り、13:30発で砥石山へ行く途中から1人で急ぎ歩き始め前砥石山(805m)－砥石山(828m)(15:00)に登ってから引き返して前砥石山の手前で妻と会った。三郡山の方に少し引き返して急ぎ17時に下り18時前に帰宅した。

9月21日：(車、妻)福岡7:40発、久留米－耳納山スカイラインで高良山(312m)・高良大社、**耳納山**(耳縄山、368m)、発心山(698m)、**鷹取山**(802m)の順に久留米の平野から30km連なる耳納山地を走った。北斜面は断層山地の急坂で、南から耳納山を越えて耳納山嵐が吹くので行きたかった所だ。星野村では天文台星の文化会館の天体望遠鏡で太陽黒点・フレーヤー・昼の一等星を見て抹茶を飲み、棚田サミットの棚田を見て心満たされ久留米から19:10に帰着した。

2004年4月25日(**阿蘇山**)：(車、

妻)福岡6:00発、阿蘇南を通り高千穂峡・高千穂神社・夫婦杉・天岩戸を見た。神話街道の五ヶ瀬川沿いを通り阿蘇山(1281m)に登り火山壁と荒ましい火口を見て草千里を走り19:50帰着した。

諫早観測時の登山：

2004年6月1日：(レンタカー)福岡6:44発、諫早では先に気象観測現場を見て、諫早湾干拓事務所長に面会し打ち合わせた。諫早の白木峰より多良岳県立自然公園の**五家原岳**(1057m)に登った。テレビ・通信塔が多数あった。18:00帰着した。

諫早観測に福岡から頻繁に通ったが、その内、余裕が出た時には登山もした。6例をまとめた。

7月10日：(レンタカー)福岡8:30発、諫早干拓地のセイタカアワダチソウは2m高に伸びて暗くなり、気象観測ケーブルが鼠に切られた。苦労して再配線した後、白木峰経由で**五家原岳**(1057m)に登った。21:20帰った。

2005年8月29日：(車)福岡発、諫早観測で再設定した。金泉寺(450m)経由で標高差500mの**多良岳**(国見岳996m、前岳983m)に登り、きつかった。森林の繁りは素晴らしく良い森林浴となった。

10月1日：(レンタカー)福岡8:15発、諫早気象測器不調で持ち帰った。佐賀・多久より**天山**(1046m)に行き暑い中(福岡33.3℃ 10月新記録)、上宮から1.1kmを登り緩い草地の頂上に着き17時に帰着した。夜、測器調整で回復し、過去1ヶ月のデータも読めた。2日(車)諫早干拓地に測器を設定して来た。翌日の学術会議のため東京に出た。

12月10日：(レンタカー、妻)福岡6時発、諫早で測器調整しデータ収録した。佐賀・太良の山茶花高原・中山キャンプ場手前から**経ヶ岳**(1076m)に登ったが積雪が10cm程あり、何回か滑り怖々だった。4時間半かかった。諫早の帰りに妻とよくもまあ積雪のある雪山に登ったものだ、無事で何よりだった。18時帰宅した。

2006年6月24日：(レンタカー)福岡8時発、諫早でデータ収録と草刈をした。高速東そのぎから道の駅彼杵の荘にある前方後円墳(ひこざ塚古墳)を見て、嬉野で天然記念物の大茶樹(樹高4.6m、340年)を見たが、背が低く多数本に別れていた。**虚空蔵山**(609m)に登った。先が尖り九州のマッターホルンと呼ばれる岩山だが頂上は緩やかだった。高速嬉野で19時頃帰着した。

2004年11月23日：(車、妻)福岡発、福岡市内が一望できる篠栗の米ノ山(こめのやま)(594m)に登った。若杉山(681m)には北山神社と若杉奥の院があり、杉の巨木が多数生えており、よくも長年生き残ったものと思った。どちらも車で近くまで行けた。空を優雅に回るカイトプレーン、ハンググライダーを見た。

2005年3月20日：(車、妻)5:43福岡発、高速姶良から鹿児島・蒲生(かもう)で日本一の楠(幹周24.22m、直径4.5m、樹高30m、樹齢1500年)を見て霧島・大浪池(火口湖)に行くと福岡地震M7.0、震度6弱のニュースを聞いた。直ぐ出ても高速道は渋滞と思って1時間10分**霧島山・大浪池の火口周頂(1412m)**に登って池を眺めた。福岡近くに20時頃帰ったが一般道が渋滞で出られず22:30に帰宅した。春分の日だった。家の被害は少なかった。大学は電気OKだが研究室の扉が不開で、扉に体当たりして僅かに開き丸太の梃で広げ、少し開いた上部から室内に入った。戸棚倒壊で書籍・書類・スライド等の散乱が激しかった。丁度1ヶ月後に震度5強の地震があり同様の被害だった。

2005年9月22～25日(**立山**-**真砂岳**-**別山**-**剱岳**)：22日福岡－羽田から品川・渋谷・新宿で本掲載用の高層ビルの写真を撮り、国土環境で沙漠学会理事会に出て新宿－信濃大町で雲山荘に泊まった。既に足にマメができて痛かった。23日6:20発、若一王子神社・三重塔を見て北大町からバスに1人乗った。扇沢－黒四ダム－室堂9:10着で身の引き締まる思いで立山目指して登り始めた。コース時間通りで②立山(雄山3003m－大汝山3015m20位)の高山を実感した。お札500円でお祓いを受けた。②真砂岳(2861m)の横(2860m)を通り②別山(南峰2874m)を越え、剱御前(2777m)の横を通り16:10剣山荘着。夜は満員(室12人)で暑く窓を開けて少し良くなった。皆も助かったろう。24日5:00発、最初はライトを点けた。聳え立つ一服剱(2618m)に登って次ぎかと思ったら前剱(2813m)だった。人は結構多かった。鎖があり凄かった。さらに次ぎが凄く鎖は迫力満点で蟹の縦這・横這もあった。何とか越えられ、憧れの峻峰剱岳(剱岳2999m22位、名25高18)に9時頃着いた。北東に続く恐竜の背鰭のような岩稜の眺めは素晴らしく写真を撮り直ぐ下った。剣山荘には12時頃に下りた。剱岳では人による不本意

な落石が起こり危険だったため2度と登る事はないと思った。別山乗越から15時に雷鳥平に下り、電話がやっと通じて旅館が決まり、雷鳥沢ヒュッテをキャンセルした。室堂16:20バスで美女平－立山駅に下り18:00に千山荘に着いた。山は晴天だったが下層は雲海で雨だった。天下の劔岳はさぞかし雲海に浮いたろうと空想した。25日5:30称名川・常願寺川を見て砂防工事展示を見た後、朝食をして立山駅から落差350m日本一の称名滝を見に行った。4段あり凄かった。ハンノキ滝(500m)は涸れていた。立山駅で10:37に乗り富山11:30着、空港14:40発、福岡16:10に着いた。最後に滝を見なければ1日早く帰れたか。東京出張を利用した登山だった。九大在職中の本格登山は初めて、かつ25年振りで、効率良く6高山に登れた。日本学術会議で超多忙になる直前の束の間のタイミングで、貴重な奇跡的な事だった。

風穴観測時の登山：

2005年10月22〜23日(**祖母山**)：(レンタカー)22日福岡5:20発、阿蘇カルデラ南を通って宮崎の深山に入り、①祖母山(1756m, 名26)は風穴コースで急坂を登り、風穴に温湿計を設定して来た。五ヶ瀬川沿いに上椎葉に行ったが険しい国道は台風被害の通行止めで林道を走り上椎葉で車中泊した。23日0:30発、高速御船で入り6:40帰宅した。

2006年5月4日(**祖母山**)：(車)福岡3:55発、阿蘇南から祖母山風穴で測器回収、再設定した。ピンク色が際立ったアケボノツツジに感激し鑑賞した。北谷登山口(風穴コース)－祖母山風穴(1275m)－②祖母山(1756m)－天狗・烏帽子岩－障子岳(1703m)－親父山(1644m)－黒岳(1578m)を縦走すると足が痛くなった。帰路には阿蘇南の中坂峠を越え、高森湧水トンネル公園で冷たい清水を実感した。阿蘇北を通って高速熊本で22:10帰着した。

2006年10月22〜23日(**祖母山**)：(車)22日福岡4:30発、登山口8:00着発で祖母山風穴のデータ収録、測器を撤収して14:15下山した。延岡16時着で竜巻被害調査を行った。海岸防風林・住宅工場地域等詳しく見て回って撮影し、愛宕山(251m)の展望台に登って写真を撮り、被災地域の地形的状況が把握できた。23日高千穂経由で5:50帰着した。

2006年6月4日：(車、妻)福岡早朝発、宮地岳神社とショウブを見

て、小倉南から日本三大の**平尾台カルスト**(400〜700m、北九州国定公園、国の天然記念物)に行き、千仏鍾乳洞に入り流水の中をサンダル履で歩いた。垂直洞を見て神社を2ヶ所回り宮内庁王墓を見て17時半帰着した。

2006年6月10日(**九 重 山**):(レンタカー)福岡4:40発、牧ノ戸峠から九重連山の星生山(1762m)-天狗ヶ城-**九重山**(中岳1791m)-稲星山(1774m)-久住山(1787m)を6時間45分で縦走した。新緑が綺麗だったが風が強く寒かった。下山後、竹田の九大高原農業実験実習場を見学して17時過ぎに帰着した。

2006年8月1〜5日(**白山**):1日福岡-羽田-藤沢、日大で1〜3日に講義した後、羽田-金沢に出た。4日金沢(バス)-別当出合8:00着発で砂防新道・エコーラインで室堂に着き、石川・岐阜県境の白山(御前峰2702m90位、名27高19)に登った。大汝峰(2684m)を往復しお池巡りを散策して高山植物に親しんだ。雪解け水は美味だった。室堂泊。5日展望歩道(アルプス展望台)を歩きエコーラインを登り返して、黒ボコ岩を経由し観光新道を通って別当出合13:10着発(バス)で下山した。金沢15:50着、19時頃小松-福岡で帰った。

両白山地の白山は百高山に入り、日本アルプス(92山)・八ヶ岳(5山)以外では富士山・御嶽山・白山である。

2007年1月5〜6日:5日 福岡 9:05発、鹿児島-屋久島(レンタカー)11:00発、最初に3時間コースの白谷雲水峡まで雨の中、傘を差して入ったが、大雨でレインコートの中まで濡れて寒くなり16時下山して宮之浦で民宿を捜して泊まった。6日6時発、西側を回り一湊-永田で大川の滝を見に行った。この時学生2人に遭った。南を回って千尋の滝に行こうとして登坂で奇遇にも学生の車と正面衝突したが、車の傷は軽微なのでそのまま別れた。そして千尋の滝を見たが今回も多量の水量で豪快だった。谷の水は下の滝から海に落ちていた。**ヤクスギランド**(1000m)の雨中を2時間回遊して屋久杉の長寿の巨樹を多数見て、花之江河の方に入り紀元杉、さらに奥を散策し、素晴らしい屋久島を堪能した。1便早く鹿児島経由で19時頃帰着した。

(8)那覇市在住・超繁忙期2年間の登山

2007年4月(琉球大異動・学術会議会員)〜5月(九大名誉教授)〜2009年3月(琉球大最終・同会員):

2007年8月2〜6日(駒津峰-甲斐駒ヶ岳-仙丈岳)：2日那覇8:15搭乗、台風で遅れたが、羽田－府中で農工大の講義に間に合った。3日講義終了後、府中18-20時甲府に出た。4日3:30発、広河原－北沢峠7:30着発で登り、2山佇む双児山(2649m)と高山的な駒津峰(2752m80位、高20)を越え、峻険な摩利支天の見える六万石近くの急坂で足が痙攣したのでズボンを増やした。一時諦めかけたが休々で何とか甲斐駒ヶ岳(2967m24位、名28高21)に登れて至極嬉しかった。73歳の人に痙攣話を聞いた。コースタイム6時間30分が9時間かかった。16:30下山して長衛荘に泊まったが隣人の鼾(いびき)で眠れず。5日3:45発、漆黒の闇夜の中を仙丈岳に向かい4:30夜が明けると山頂が際立ってきた。快晴で青緑の仙丈岳と白岩山の甲斐駒がよく見えた。竹杖を拾い利用した。足は少々痛かったが調子良く歩けて仙丈岳(仙丈ヶ岳3033m18位、名29高22)に着き密かに感嘆して下山した。コースタイム6時間40分が7時間10分だった。11:10北沢峠発、14:00甲府着、新宿よりつくば17:30着。6日農工大で試験答案を受領して府中－羽田で22時那覇に帰った。

2007年9月13日東京農工大での農業気象学会で心臓不調となり18日琉球大病院で心臓狭心症と診断された。10月9日大道中央病院で狭心症のカテーテル手術を受けステント2本を入れ、心臓身体障害者(3級、沖縄県)になった。11月24日排尿が停止し救急車で琉球大病院に運ばれた。12月17〜27日琉球大病院で前立腺肥大症手術を受け退院したが体調不良が続いた。8月の甲斐駒登山後、病気、転勤、学術会議の多忙さ等で2012年までの5年間、本格的登山はできなかった。

2008年3月27・28日：(車、妻・るり子)27日那覇より沖縄本島最北端の辺戸岬に行き、やんばる・大石林山(金剛石林)に入り、見物して那覇に帰った。28日那覇より島北方の辺戸名から入り沖縄本島一の与那嶺岳(503m)に登ったが、頂上が林の中で凹凸のため判らない程だった。三角点は498mだ。サキシマスオウ・マングローブ等を見て帰った。

2008年7月5日(筑波山)：(車、妻・真理子夫妻孫2人)つくば－つつじヶ丘よりケーブルカーで筑波山・女体山に登った。昼食後、孫の体力を考えて男体山行きは止めて帰った。

2009年1月28日：(車)那覇発、

高速許田から今帰仁城(なきじんぐすく)の桜祭を見て八重岳(454m)の沖縄一の桜祭に移った。深紅の濃い下向きの恥じらうような桜花の、最適期の桜祭で、心行くまで観桜した。早桜で春を感じて良かったが、この日は何と夏の暑さだった。名護・嵐山展望台から屋我地島・古宇利島・羽地内海を鳥瞰して帰った。

　沖縄の魅力や経験をガイドブック(真木、2012)にまとめた。

(9) つくば市在住・II期超繁忙期の登山

　2009年4月(筑波大異動・九大名誉教授・学術会議会員)～2012年3月(筑波大・学術会議連携会員):

　2009年8月9～10日(**大台ヶ原**):(妻)9日バスつくば4:47発、羽田－関空(レンタカー)－和歌山から歴史ある吉野山(350m)を再訪。<u>大台ヶ原</u>(1570m)では大雨で歩けず、ビジターセンターだけを見て熊野に出た。10日5:30発、鬼ヶ城・茶の神社・獅子岩－新宮－那智の滝・那智大社・橋杭岩・串本を見て白浜－関空－羽田で22:30帰着した。

　2010年9月8～10日:8日バスつくば4:47発、羽田－伊丹－京都で京大の生物環境工学会に参加して学術会議関係者と面会した。9日知恩院を見てから9:00発で奥深い**鞍馬山**(584m)に登った。鞍馬山の山道を5時間歩き回遊した。鞍馬天狗や牛若丸ゆかりの山で杉檜の巨木が多くあり、中腹には鞍馬寺があり立ち寄った。京都に帰り二条城を観光した。伊丹－羽田で10日1:30帰着した。

　2011年6月18～20日:18日つくば－竹芝を条件付きで22:20発、19日御蔵島6時着、タンテイロの森で小雨の中を歩き御蔵島の植生・生態を垣間見た。8時に黒田ガイドの車で、まず南東の道路沿いの伊奈差の大椎を見て、雨で行けなかったが止んだので懇願して南東奥の南響の日本一椎(その後三宅島で最大椎が発見された)を案内してくれて念願が叶った。西側に回りエビネ公園で下車、ガイド料5000円払って別れた。エビネは葉のみだった。園を出てから南の黒崎断崖に行き展望台から見て稲根神社本殿に行く途中に橋の所で滑って腰を打った。エビネ公園まで引き返し荷物を受け取ると管理人が家に帰る際に車で御蔵荘まで送ってくれ助かった。村営御蔵荘宿泊(村営で島一高い10500円)のお礼を言われ、自分もお礼を言って宿に入った。

20日稲根神社拝殿に行き、朝食をして2回目の伊奈差の椎まで歩き隈なく見て2時間余で引き返して港に下り海岸・絶壁を見た。8〜12時の間歩き詰めだった。港の観光館を見た。昨日のガイドが荷作業をしていた。13時に船が来た。船上で三宅島、新島、鵜渡根島、尖り岩、利島を見て、20:30竹芝着で帰り、22:00筑波大に行った。

7月13〜14日：13日バスつくば8:07発、羽田－三宅島(レンタカー)、島内で三宅島上空での人工降雨実験のため飛行関連調査をした。JAL三宅島行は欠航続きで、3回目の羽田では、何と7月の初飛行となり搭乗員の話で乗客1人は初だった。新島の白岩地や神津島が見えた。レンタカーで**七島(火山)展望台**(約500m)に登り、火山被害の牧場荒廃・枯死大木・白骨林や迷子椎(600年)を見た。14日民宿5:00発、御勿神社・島役所跡で篤姫蘇鉄・イブキを見た。火山は風が弱いため火山ガスは吹き降ろさなかった。島内2周目では椎取神社・ひょうたん山・三七山噴丘・海岸侵食地(赤場暁)を歩き、空港に着くと飛ぶと言う。2日続けての飛行は希有で貴重だった。13時発で早々と離島して帰り、筑波大に行った。

2011年7月17日：(車、妻)つくば早朝発、日光・中禅寺湖を経て**半月山展望台**(約1650m)から中禅寺湖・日光連山を眺めた。足尾銅山跡・坑内・資料館を見学して、山の植生回復状況を見た後、日光に引き返して**霧降高原**(約1200m)に行き長閑な牧場を見て楽しみ帰った。

9月30日〜10月1日：30日つくば発、東京・学術会議CIGR分科会に出席し、12:25羽田－秋田、南極集合会で14時秋田から鳥海山中腹に行くが雨雲で視界悪く、代わりに**象潟蚶萬寺庭園**のタブ巨樹2本(1000年)・ツツジ(700年)を見て、にかほ市温泉保養センターに泊まった。家形氏より人工降雨実験飛行の注意点を聞いた。10月1日海岸松防風林内を歩き、白瀬南極探検記念碑と鳥海山山麓の仁賀保高原(約500m)で風力発電所を見て、牧場ではジャージー牛乳を飲み、秋田14時着で秋田－羽田で18:30帰着した。

10月14〜17日：(妻・るり子夫妻)14日バスつくば4:47発、羽田－松山(レンタカー)、松山城を案内し愛媛大を訪問して道後公園から道後温泉で湯釜を見て石手寺と石鎚神社に参拝して西条に行き、忠子・良造・

ツル子姉兄等に会って福武に泊まった。15日3:40発、西条祭で加茂川Pから歩き伊曽乃神社の宮出しを見た後、石鎚山ロープウェイ・リフトで登り、往復1時間余り歩いて石鎚神社中宮**成就社**(1450m)内奥から石鎚山を眺めた。16日5:30お旅所でだんじり80台、みこし4台を観覧して西条藩城跡の堀端での儀式を見た。夕方の加茂川では提灯付だんじりの川渡りフィナーレを見た後の夕闇に寂しさを感じた。17日妻と王至森寺の金木犀を見た。新居浜・山根の太鼓台行事はないため、4人で別子ラインのマイントピア別子と東洋のマチュピチュの**東平**(750m)を見た後、飯積神社では太鼓台11台を見て西条から松山に戻り、松山城の二の丸公園を観光して松山－羽田で23:10無事帰着した。

2011年11月23日(那須岳)：(車、妻)つくば早朝発、那須で賽の河原・殺生石を見て、横の那須温泉神社を参拝した。那須ロープウェイ山頂駅から<u>那須岳</u>の頂上近く1750mまで新雪の低温の中を20分程登り降りした。駒止の滝を見て那須温泉の休暇村那須で入浴し、ソバを食べて帰宅した。

2011年12月29日 ～ 2012年1月3日：(妻)29日タクシーつくば6:15発、東京芝浦港(おがさわら丸)10時発、三宅島・御蔵島・北之島・智島・媒島を眺めて30日11時小笠原・父島に着いた。大洋荘に寄り、13時観光船(竹ネイチャーガイド)で鯨親子の潮吹を見て感激した。ハートロックを見て南島に上陸し砂浜とアーチ状空洞に感動した。17時レンタカーでウェザーステーションに登り宮之浜の砂浜に行った。陽が暮れて帰り、島寿司を食べた。亀は初めてで珍しく美味しかった。31日6時発、夜明山(308m)から一時小雨の中を**中央山**(319m)まで歩いて2回登降し(途中朝食)景色を眺めた。サンクチュアリ、宮之浜・釣浜から野生ヤギ、戦場を見て、ウェザーステーションから三日月山(204m)まで歩いた。三日月山展望台では海に映える夕陽が僅かに見え感嘆した。斜面崩壊地を見て下りた。大晦日で紅白歌合戦を寝ながら見た。砂浜では無料の果実酒を飲みカップラーメンを食べ、1年を振り返る映像を見ながら太鼓・カウントダウンで年を越した。

2012年1月1日：新年を小笠原で迎えた。ははじま丸で父島－母島(レンタカー)、迎えなく電話して行き1時間かかった。北港－東港

―本港―南終点と回り、最高峰の乳房山(463m)の近くを通った。外来種の赤木・木麻黄・アノール(トカゲ)を見る一方、標高の高い所で雲霧林を見た。砂浜の亀放しは終わっていて水槽の亀を見て魚と餅を食べ、海開きで泳ぐ人を散見した。帰りに鯨(尻尾)を見た。父島に帰って大神山で250段上った(妻買い物)、2日宿代31000円、大神山公園から登り湾内の豪華客船等を見て木陰で少し雨宿して下山した。父島14:00発、太鼓・小船の見送(強風15m/s)、3日荒波で船は大揺れで妻は船酔した。大島から東京湾で静かになり芝浦に3時間10分遅延で18:40に着き20:30帰着した。12月15～25日入退院の病み上がりの旅行だったが気が張り元気だった。小笠原案内本(真木・真木、2012)を発行した。

(10) つくば市在住・Ⅱ期繁忙期の登山

2012年4月(筑波大・九大名誉教授・学術会議連携会員)～2013年3月(筑波大最終・同連携会員)：

2012年6月9～10日：(車、妻)9日つくば5:30発、今市－五十里湖を見て下郷－会津若松に行き鶴ヶ城・飯盛山を見た。界方面通行止で下郷に引き返し中山風穴を見て、さかい温泉に着き、直ぐ高清水自然公園に登り、薄ピンク色のヒメサユリを見て感動した。10日竈岩・水害河原を見て朝食した後、天狗岩を見て檜枝岐(約1400m)に行く途中で残雪を見た。この標高での雪に驚いた。奥只見ダムの上流まで行ったが長岡方面は通行止で引き返して山王峠(850m)・尾頭峠(820m)を越えて高速西須那野から18:50帰着した。

2012年7月27～29日(<u>乗鞍岳</u>)：(車、妻)27日つくば3:15発、東京経由で松本城を見て新穂高温泉に行き、ロープウェイでビジターセンターを見て西穂高展望台(2156m)から穂高を眺望した。神通川工事博物館を見て新平湯温泉近くの一本残ったネズコ(ヒバ)の巨樹(1000年)を2km歩いて見た。夕方で熊に出会さないか声を出し辿り着いた。単独木に感心した。新穂高温泉・蒲田川荘に泊まった。28日7:40発、<u>乗鞍岳</u>に登るため車で行ったが、乗鞍畳平には入れず、慌ててバス発着場に向かうが、相当離れた奥地の高台にあり、間違いかと心配した。やっと駐車場に着きバスに乗り換えた(身障手帳で精算)。9:50乗鞍畳平から登り始めた。高山では特に妻はきつかっ

たが登頂達成で吹っ飛んだ。③乗鞍岳(剣ヶ峰3026m19位)からの景色は素晴らしかった。乗鞍コロナ観測所や宇宙線観測所の観測ドームが見えた。13:20に下山してバスで14:40駐車場に着き、安房峠トンネルを通って乗鞍高原に行って東大演習林のシラビソ林の巨木を多数見た。演習林は奥地で行けなかったが、行けば東大関係者(農学博士)だと名乗る事は考えていた。これまで東大の施設で名乗った事はないが偶にはと思っている。温泉付の民宿美鈴に泊まった。29日番所滝を見て朝食して7:30発、乗鞍スーパー林道を通って野麦峠に行き、野麦峠の館(峠の資料館)で熱心な説明を聞いた。飛騨の人の冬の峠越えはさぞ厳しかったろうと認識した。松本－東京で18:30帰着した。

2012年8月21～23日(八ヶ岳(赤岳-横岳-硫黄岳))：(車)21日つくば4:10発、東京経由、美濃戸で別荘地域に入ってしまい、やっと抜道を見つけたが、道が極めて悪く、大変難儀して本来の道に入るも相当の悪路だったが奥の有料Pに何とか行けた。少し歩いて直攀の登山口に着いた。自分のストックは持ってなく、係人に聞いて適当な枝木を確保した。先が三俣に別れており最高の杖だった。8:30発、喘ぎながら登り、行者小屋から赤岳の分岐点で阿弥陀岳経由にするかで迷った。丁度登山慣れした人が来て道を聞くと、逆に歳を聞かれ年齢で判断されたか、文三郎尾根になった。確かにきつかったので正解だったろう。その後山ガール2人を抜いたり抜かれたりして登っていると小柄な山ガール1人がスーと抜いて来て急坂を猿のように登るので、呆気に取られ驚き年齢差を感じた。多くの鎖があり、ここでは数人追い抜き14:30八ヶ岳(赤岳2899m33位、名30高23)に時間通り6時間で、14:50赤岳頂上山荘に着き泊まった。雨が降らないため近々休業かもと話していた。暗黒の夜で満天の星空が凄く綺麗で静寂を体感した。22日5:05日の出は特に赤かった。直ぐ発った。火山の八ヶ岳(横岳2829m52位、高24)は大した山で高さもであった。次の八ヶ岳(硫黄岳2760m77位、高25)は平坦な山のように見えたがその反対側は火口の絶壁で半分が切れた形で圧倒された。途中コマクサが見られて良かった。シラビソ林は凄かったが鹿や熊に樹皮が剥がされ傷められて枯れたのもあり悲惨だった。12:15に下山して野辺山に行き、筑波大演習林では3ヶ

所案内してくれたが、湿地が干上がっていた。海の口の鹿の湯温泉は客1人、田舎の鄙びた温泉で泊まるのは興ざめだった。23日根古屋神社の欅(田木：10.1m、23.0m、800年、畑木：11.9m、21.0m、800年)と故城跡を見て、高速須玉で15:30帰着した。

八ヶ岳はいずれ登るので行ける内にと思い、一度に核心部3山に登る意味で、比較的近い山を思い付き早速実行した。3山で八ヶ岳は終わりと思っていたら、百高山にはまだ阿弥陀岳と権現岳の2山があり、再度来るとは夢にも思わず、驚くと共に登る羽目になった。

2012年9月15～16日(御嶽)：(車)15日つくば3:00発、高速伊那で出て8:00大滝山登山口着。1999年11月に御嶽火山の頂上を眺めた事を思い出した。田の原天然公園8:30発、富士山金剛杖を短くした杖を使用して登り、王滝山(2936m)を越えて八丁ダルミを通って13:00に御嶽(御嶽山・剣ヶ峰3067m14位、名31高26)に着いた。偶の登山で寒かったが、達成感があり嬉しかった。頂上を究めた後、奥地に入り日本最高所の湖・二ノ池(2810m)を通り二ノ池新館に着いた。直ぐ出て三ノ池を遠くに見て摩利支天山(2959m)に登った。小雨に遭ったが雨具は着けなかった。ここで大変貴重な得難い体験として、下方に丸い虹を見た。こんな珍しい幻想的な虹が実際に見られるのかと感激した。天気は目まぐるしく変わり寒くなった。小屋に戻るとかなりの雨が降った。4人部屋で20時消灯だった。16日5:40雲で遅れた御来光を見て6:30発、間違えて石室まで150m下ってしまい、再度御嶽頂上に登り返して行者岩を見た。王滝山(2936m)から奥の院(2940m)を往復してシラビソ林・笹原を通り、新滝を見て10:00に下山した。伊那で高速に入り、20:15帰着した。

登山は2007年8月の甲斐駒・仙丈岳以来5年間も、僅かに歩く筑波山以外はなかった。2007・2011年に51/171山、(百名山29＋高山22＝51)/(両山200－重複29＝171)で3割未満(29.8%)だ。2012年半ばに心境の変化か、日本百名山・百高山を登る事を思い付き、ピークハンターに豹変した。2012年は乗鞍岳、八ヶ岳、御嶽等10余山に登り、百名山31・百高山26で30山程だった。

しかし、2011年12月に引続き2012年10月・12月の3回も腸閉塞(手術で各10日間程入院)を罹った。頻発するため2013年1月6～29日

に2回目の開復・癒着手術を受けた、長い入院だった。退院後少し経って心身を癒し鍛えるため山行を再開した。

(11) 開腹手術後の百高山復帰年の登山

2013年4月(国際農研異動・九大名誉教授・学術会議連携会員)～12月(国際農研・同連携会員)：

2013年4月13日(**筑波山**)：(車、妻)つつじヶ丘より筑波山ロープウェイで筑波山(女体・男体山)に登った。丁度満開の林床に咲く可憐なカタクリの花を筑波山では初めて鑑賞した。1月手術の病上がりで、見に行けた事自体に生き甲斐を感じ嬉しかった。

6月11～12日：(車、るり子)11日つくば3時発、日光・中禅寺湖－奥日光－金精峠－片品・戸倉(第2P、弁当忘れ)からバスで鳩待峠8:50着発、水芭蕉を沢山見た。山の鼻－東電小屋－赤田代で湯元山荘に着き、水量の多い時の平滑ノ滝・三条ノ滝を見て16:30戻って冷泉温泉小屋に泊まった。夜に雨が降り2時頃は満天の煌めく星空だった。12日6:45発、見晴から山越で**尾瀬沼**(1660m)に行き、沼の景色に和み北回りで長蔵小屋に着いた。食堂が休みで即席麺を食べた。三平峠越で大清水に出てバスで戸倉に下り、15:30発で金精峠を越えて20時帰着した。娘と尾瀬を歩いて自然に癒やされ、病上がりの体力試しで、山歩きにかなり自信が付いたが、一層精進せねばと思った。弁当を忘れた事で梅のお握りは3日間持つ事を知り、以降の登山で役立った。

6月28日(**筑波山**)：登山の足慣らしで手術後2回目だった。9:00御幸ヶ原コースで男体山に登り、女体山から白雲橋コースで14:30下山した。体力がかなり復活したと推測された。

2013年7月22～25日(**悪沢岳-中岳-赤石岳**)：(車)22日つくば4:50発、東京経由、静岡でレンタカー4輪駆動レガシィに乗り換えて筑波大演習林で12時頃に入山許可証を受領した。沼平ゲートを通って奥地の椹島ロッヂに行き14時頃鍵を受取って、木賊橋近くの東海製紙社道ゲートにやっと着くが、鍵が開かないので引き返す途中で偶々開け方を知る人に出会って開けてもらった。15時頃ゲートで直ぐ門番マムシに遭遇したがそっと横を通った。東海製紙社の凹凸山道の急坂を登坂して駒鳥池近くの同社P(2400m)に15時半頃着き、登山口を捜し当てて登り千枚小屋に16:10に着き泊まった。手術

後の思い切った初本格登山だ。23日4:50発、黙々と登り、人は少なく千枚岳(2880m) － 丸山(3032m) － 悪沢岳(荒川東岳3141m6位、名32高27) － 荒川岳(2973m) － 中岳(荒川中岳3084m13位、高28)(南ア中岳は同標高で北ア中岳より僅低) － 前岳(3068m)の見事に高山の連なる山々を縦走して荒川小屋に着いたが、10時なので十分赤石岳まで行けると思い小屋を出て大乗寺平に下り、小赤石岳(3081m)から赤石岳(3121m7位、名33高29)に喘ぎながら登り、霧の中13:30赤石岳避難小屋に一番に着いた。翌日は天候が悪化するので荒川小屋まで戻った方が良いと言われたが、手術後初で足が痛く心臓も心配でもう気力もなかった。反対方向に歩いていた皇族方の道案内をした人達は遅れて加わり小屋は8人になった。17時の夕食が終わる頃にハーモニカで合唱が始まり思いがけず至福の時を過ごした。その後の多くの山ではスライド・ビデオを見る機会はあったが歌声喫茶のような雰囲気は初めてで楽しく、登山と歌の両方で手術後の回復の喜びを実感でき、貴重な一時だった。18時過ぎに霧が晴れ皆外に出た。管理人の案内で頂上に登ると幾重にも重なる山並みと共に富士山・荒川岳等全山が見え感動した。夜は風が強くなり高山の澄んだ空気の中、下界の光と煌めく星空を眺め1人感嘆し、山の虜と化した。24日4:30発、頂上経由はあの道と教えてくれて出たら、初使用のストックを忘れ直ぐ引き返すと管理人に、おいおいと言われた。僅か20m差の頂上は霧に霞んだ。小赤石岳を越え、途中富士山が見えた。汗で下着を脱いだ後9時頃に前岳で雨がポツリと来てから約3mm/hの本降りとなり、中岳は風雨の中を歩き、頭の雨具カバーが風で外れて帽子が濡れながら歩いた。荒川岳の石仏で頭だけ雨を避け一休みしたが、途中、悪沢岳付近では濡れた帽子の水が首に入り、頭首が冷えるので継続歩行の苦難を体験した。丸山－千枚岳で小降りになり11時頃千枚小屋に着いたら止んだ。電話が通じる内に東海製紙社に連絡し、特別な山道なので、もし17時までに椹島に着かない場合の対応を依頼した。12:30にPに下り着替えた。丁度Pには消防救急パトカー3種が来ており、滑落者搬送作業中だった。車で先に下り救急車に道を譲り、木賊橋ゲートに着き鍵を開閉して椹島ロッジに14時無事下山した。携帯電話不通のためロッジに

電話連絡を頼み泊まった。25日6:00発、ロッヂより下り沼平ゲートを越えて駿府城址を見て静岡で車を乗換えて東京経由で17:15帰着した。

縦走の丸山、<u>悪沢岳</u>、荒川岳、<u>中岳</u>、前岳、小赤石岳、<u>赤石岳</u>は3000m級の高山であり、手術後の大変印象に残る登山となった。発端は筑波大農林技術センター勤務中に演習林(山岳科学センター)が静岡県井川にあり訪問したが、畑薙ダム(沼平)－椹島の入域制限区域内への許可証が演習林で得られるため、人工降雨や風と雲移動の研究推進上、有益であるので使わせてもらった。かつ同制限域内でも特に東海製紙社道を利用すると標高2400mまで入れるため、特別に許可(有料)を取って入った。その林道は急傾斜の悪路であるため、乗用車(トヨタ・シエンタ)では丁度同じ車種を利用している担当者の話として、車が可哀想だと言うので4輪駆動車を勧められた。トヨタのランドクルーザーを希望したが、研究所側の問題で借りられず、スバルの4輪駆動車レガシィになった。それにしても病上がりで危険を押してよくもまあ登山できたものと我ながら大いに感心し安堵した。帰宅翌日、アキレス腱の痛みで病院に行ったが、経過見で相当長く痛かった。

　２０１３年８月９～12日(**聖岳**)：(車)9日つくば5:30発、東京－新東名・新静岡から12時に筑波大演習林で許可証を受け取って畑薙ダム・沼平ゲートを通って２度目の椹島ロッヂに行き泊まった。10日5:30発、聖岳登山口の近くまで車で行き6:00に登り始めた。聖岳の懐に入る感じで聖沢吊橋を渡り、滝見台からは東・奥聖岳が、千尋の深い谷(谷底に２本の滝も見えた)を挟んだ右側によく見え、高山に登っているのだと実感して喘ぎながら聖平小屋に13:10辿り着いた。夜に満天の星影を見たが、便秘でかつ100m先の遠い３回のトイレ(宿泊山小屋で最長の距離)は苦痛だった。11日4:30発、汗掻き後に風が強く寒くなり手袋もした。小聖岳(2662m)からの難所を越え、①<u>聖岳</u>(<u>前聖岳</u>3013m21位、名34高30)に8時頃着き赤石岳・大沢岳・上河内岳の素晴らしい稜線の写真を撮った。庭園のような僅かに上下する道を通って奥聖岳(2978m)に行き頂上の窪地で寝っ転がって小一時間寝たが、暖かかった。トリカブトと菊科マルバダケブキは多いがニッコウキスゲは絶滅し枠内で保護されていた。11:45聖平小屋に帰り連泊した。

連泊者にはおでんが出たが便秘では却って苦痛で、何度ものトイレ通いでも解消せず。12日便秘と霧で遅らせ6:00発、直ぐ晴れて滝見台で眺め、聖岳吊橋を渡って10時登山口に下山し、車の人となり沼平ゲートを出て高速新静岡で入った。清水Pの和式トイレ(無空調)で汗だく、便秘解消してほっとした。東京では渋滞し雷雨だった。20:45帰宅した。

8月20〜22日(塩見岳):(車)20日つくば5:00発、東京ー伊那で出て高遠城址公園(桜の根接ぎ法による老化回復)を見て、当日に三伏峠(日本最高峠2580m)行きを思い付き塩見岳方面に行くが、カーナビが利かず細い複雑な林道を通って11:50鳥倉林道ゲートに着き、休憩して歩き始め13:00鳥倉登山口に着いた。炎天下の体力消耗でバテた。特に8合目からきつかったが頑張った。その頃電話が通じ三伏峠小屋に宿泊を申し込み16:10着いた。21日5:10発、ハイマツのある三伏山(2615m)から本谷山(ほんたにやま)(2658m)を順調に越え、やがて八ヶ岳北方縞枯山の縞枯れ(樹林の枯死・成長が線状に移動・更新する現象)に似たシラビソ林を実感しながら登り、9:00塩見小屋に着いた。直ぐ出て、天狗岩を経て風で寒くなりヤッケを着て①塩見岳(西峰3047m16位、名35高31＝東峰3052m)に登り感激を味わった。一度北俣岳(2920m)に下ってから登り返して、ピストンして塩見小屋に13:30に帰った。まあ順調に登れて念願叶い満悦だった。赤(チャート)・緑・白銀色の小石を拾った。お握りを3時に食べたので夕食の御飯はほとんど食べられず。トイレはお丸でビニール袋付だった。敷布・毛布3枚と枕でよく寝られた方だ。22日朝食は一定量美味しく食べた。5:20発で森林内を調子良く下り本谷山・三伏峠を越えて鳥倉ゲート10:10着だった。下山してから中央構造線博物館・ふるさと館を見て、数km離れた場所の露頭では川を素足で渡って断層(ホッサマグナ糸静線)を見た。12時高速松川で入り駒ヶ根は渋滞、東京経由で21時帰着した。アキレス腱痛は続き長期になった。

2013年11月3〜6日：3日バスつくば4:47発、羽田ー出雲(レンタカー)から出雲神社に行き雨中を参拝して、大田から石見銀山(約400m)に行き雨中を1km歩いて世界遺産センターを見学。別子銅山より規模は小さく感じた。三瓶山(さんべさん)が少し見えた。島根県立三瓶自然館(約600m)に入

り、新館の三瓶小豆原埋没林(巨木林)は印象的だった。大田市街に戻りスカイH大田に泊まった。4日日御崎(ひのみさき)で洞窟を見て、宍道湖西岸なぎさ公園に寄り、出雲空港で車を返して隠岐空港に着いた。レンタカーを借り隠岐島(島後)では西郷・玉若酢命神社の八百杉を見て島中央部に入り道路脇のかぶら杉を見て、銚子ダムより山中に入り岩倉(約600m)の**乳房杉**の巨樹を周回し鋭気をもらい写真を撮ったが迫力あった。東に下り布施海岸(浄土ヶ浦)を見た。小島が綺麗だった。再び自然回帰の森を山中に入り大山神社から登って岸壁のトカゲ岩を見た。島の上からは半島と島々がよく見えた。下って白島海岸を歩くと松枯れが激しかった。北海岸ではローソク島を見た。釣人に釣り方を教えるから島に移住しないかと誘われた。夕方になり西海岸を走って西郷に戻り旅館松浜に泊まった。5日布施海岸で春日神社(黒松・海岸林)を見て空港南で西郷岬灯台・白崎と大銀杏を見物、西郷港で車を返し、船で西ノ島別府港に着きレンタカーを借り、西ノ島(島前)北西部の国賀海岸では自然の芸術品である通天橋・観音(ローソク)岩・摩天崖は圧巻だった。南東部で黒木神社・黒木御所跡を見てH隠岐に泊まった。6日再度通天橋を訪れ、象岩(海岸)を歩いた。西ノ島別府港で車を返し、船で西郷港に着きタクシーで隠岐空港に移り大阪－羽田で19:50帰宅した。

2013年11月15日(筑波山)：(車、妻)つつじヶ丘のロープウェイで筑波山往復、晩秋の風情を楽しんだ。

2013年は20山に登り、百名山35、百高山31で30山を越えた。

(12) 百高山を目指す集中年の登山

2014年1～12月(国際農研・九大名誉教授・学術会議連携会員)：

2014年1月4日：つくば発、冬の加波山(709m)は上り2時間、下り1時間半だった。頂上の加波山神社にお参りし、巨岩に2回目登った。1月に70歳の大台に達した。

3月7～8日：(妻)7日バスつくば6:07発、減便知らない上にバス遅延で羽田－広島は次便になった。広島から宮島に渡り厳島神社・大鳥居を十分見た。紅葉谷からロープウェイで獅子岩へ、30分歩いて**弥山**(535m)に登り巨岩のある頂上から島々の展望を楽しみ、広島に戻り駅ホテルに泊まった。広島で雪とは吃驚した。8日原爆ドーム・平和の鐘・展示館・広島城・縮景園を見学

した。広島－羽田で19:50着宅した。50年振りの広島で、その後、立て続けに2回訪れた。

3月20日：農業気象大会(北大)で名誉会員表彰を受け帰宅時、梅園交差点横断中に軽四の代行車に足の甲を轢かれ跳ね飛ばされる交通事故(足の甲充血と小指骨折)に遭った。

2014年6月14日(**筑波山**)：(車)筑波山(女体山877m・男体山871m)－きのこ山(528m)－足尾山(623m)－加波山(709m)に次々と登った。加波山では駐車の仕方と参拝を真先にしない事で文句を言われ驚いた。もう行かないと思った。

6月30日～7月1日(**白馬岳**)：(車)30日つくば3:00発、東京経由で猿倉8:10着8:30発、白馬尻から直ぐ大雪渓になり、初めてで全く驚嘆した。登山者は少なかった。垂直氷雪でも登れるアイゼンを付けた熟練者(三重の人15回目)が一部同行ガイドで助かったが、待たせる事が多く申し訳なかった。雪渓は多雪・急斜面で登攀に苦労した。きつくて数歩で休みとなるがそれでも少しずつ進んだ。しかも雪面付近の低温で足が一時痙攣したが休むと回復した。登りで落石を何回か目撃した。大雪渓奥の岩場・葱平(ねぶかっぴら)から小雪渓を横切って行く事が判ったところで彼は先に行った。14時頃雪渓上部で雨が降り雨具を着けた。頂上に近い白馬山荘に泊まったが、その日の内に雨の中を①白馬岳(2932m26位、名36高32)に登った。もう登れないかと思ったためで16時に着いた。コースタイム6～7時間が7時間30分だった。雪山を考えると速い方だった。当日まで記念手拭をくれた程で早過ぎた。かくも多雪とは思わなかった。800人泊まれるが7人だった。アイゼンは中央に付ける簡易な4本歯では怖いので良いのがあるかと聞いたらそれ以上の物はなく、白馬鑓ヶ岳・栂池共に無理なので、翌日は同じ雪渓を下る事にした。7月1日朝起きると晴天で意気込み再度頂上に登った。TBSテレビのカメラマンが頂上で撮影し1週間振りの晴天だとか話していた。白馬岳頂上は快晴で絶景だった。劔岳・立山も見えた。下は雲海だった。鑓ヶ岳行きは多雪のため止めて雪渓を下ったが、弁当を渡されず受領忘れは最初で最後だった。6時過ぎ発、急斜面雪渓の下山は怖かった。急な所は一歩一歩雪上に足場を着けながら下った。ストック先端のゴムが、刺した雪中から抜く時、丁度雪面で外れてコロコロと斜面を転がったが止

まったので慎重に取りに行った。南斜面では落石が多くガラガラと何度も崩れていた。大きい落石が2回あった。1回は絶壁上の岩盤が破砕落下し、大岩(脳裏で大熊が襲って来るように錯覚)が1km近い遙か上方で斜面横の岩盤に当たり砕けて、多くは大雪渓をヒューンと音を立てて猛烈な勢いで落下する大石や、直近まで来て再落下する大石を雪渓の中間地点(この頃は東西の上下に1.5kmの雪渓有り)で目撃した。上を向いて右側に来た2個の内の1つは顔が判る程の近い人の横を通った。もう1つの大きい方は自分の方に来た。斜面中央部ではなく、この時は右横の幾分高い斜面を歩いていたが、それでも直径1m余の大石が近づき、斜面に立つのがやっとの所で、ここに来たら左に体を避ける事(実際は無理で滑るかも知れない)を考えたが、直上に少し尾根状の所があり柔らかい雪面上で一度止まりそうになったが、また動き出して、思ったのとは逆に左を通って来た。恐怖で緊張した。止まりそうになった時に手で押さえれば止められるかもと思ったがそんな事は無理だったろう。大石は直近で最初ゆっくりだったがやがて再び猛烈な勢いで落下して見えなくなった。災難は確率の問題かとも思ったが、下る時よりも登る時に斜面寄りに登るのはきつい事ではあるが、重要な事と痛感した。猿倉下山は12時頃でコースタイム4時間が6時間だった。青木湖を見て東京経由で20時帰着した。下山後、考えて7月10日に後述の通り百名山優先を決めた。

2014年7月14～16日(八幡平)：(車)14日つくば4:30発、いわき－北上－大曲から秋田・真木渓谷(真木真昼県立自然公園、真木の名称への憧れ山行)に2日続けて行った。1回は夕方で霧が出て時間的に厳しく薬師岳中腹で断念し引き返した。風情豊かな角館の武家屋敷や屋内を見て大曲で泊まった。15日7:00発、払田柵の屋敷政庁跡を見て歩き、真木渓谷から登り薬師岳(1218m)を越え薬師平のお花畑で霧の中、ニッコウキスゲの花を見る第2目的を果たし11:00に下りた。秋田駒ヶ岳は火山地域で、車禁止のためアルパこまくさでバスに乗換えて駒ヶ岳八合目から登った。夕方であり急いだ。熊が出たそうで心配だったが秋田駒ヶ岳(男女岳1637m)に登り下山した。車で田沢湖を一周して、たつ子像・七色木・雨乞い石を見て、たつ子荘泊。16日は大深温泉の湿地を見てから

車で近くまで行き広々とした平らな頂上の八幡平(1613m)に登り、緑の絨毯敷の景色を楽しんだ。黒谷地では高層湿原を見て納得した。松川地熱発電所での映像も見て焼走を通って高速西根で入った。盛岡南から阿武隈付近で強雷雨に遭ったが、晴天下19時に走行1350kmで帰着した。

7月24〜28日(祖父岳-鷲羽岳-水晶岳(黒岳)-野口五郎岳-三ツ岳)：24日バスつくば15:42発、羽田－富山は雷雨で遅延し富山駅前H着23時過ぎ。25日バス5:00発、折立7:00着発、鬱蒼とした森林帯は濡れており無風で湿気高く蒸し暑かった。時間通りで太郎平に着き太郎山(2373m)に登り、太郎平を越えて薬師沢に向けて下った。途中の薬師岳と水晶岳の眺めは素晴らしかった。薬師沢小屋に14:30着いた。谷川の出合いは凄く、堅牢な吊橋があった。26日5:30発、吊橋を渡り長い急坂を登った。木道を急いだ。景色は申し分なかった。アラスカ庭園を通った。雪解けの滴りを時間をかけて取った。雲ノ平小屋で携帯電話が駄目になったので水晶小屋に連絡を頼んだ。祖父岳(じいだけ)登り口で間違えて黒部源流碑の方に行ってしまい日本庭園を通って息急き切って引き返した。30分程損したが、それでも時間より早かった。①祖父岳(2825m53位、高33)を登り、ワリモ分岐点からワリモ岳(割物岳2888m)に登り、鷲羽岳(2924m29位、名37高34)をピストンした。14:30水晶小屋に着いた。少し休んで①水晶岳(黒岳2986m23位、名38高35)に登った。頂上は独り占めでお握りを食べた。ガイドが疲れて来ず女性1人が登って来た。写真を撮り合って先に出たが、中々来ないので気になって振り向いたら膝を打った。後でガイドが迎えに来ていたが、今後は人の事は余り気にしないよう教訓として肝に命じた。写真を撮り石も拾って16:50ラストに帰った。天気良く素晴らしく槍ヶ岳の尖頭と富士山が見えた。以前に秘境雲ノ平の写真を見て、そこに行くなど考えも及ばなかったが、今そこを越えて来たのが夢のように思われた。ただ無事帰らなければ意味がないので気を引き締めた。夜、霧が出て風が強くなった。27日5:40霧中発、直ぐ晴天となり鉄褐色の先鋒が見えた。雨具を外した後、標高が増すと霧に被われ降り出した。間もなく真砂岳(2862m)(立山北の真砂岳は2861mで低いが百高山指定)付近から台風崩れの日本海低気圧(中国-朝鮮半島-日本

海)の影響で暴風雨となった。野口五郎岳の近くで頂上行きは中止して距離770mの小屋の方に変えた。この頃昨日のガイド付き女性に追い越された。西からの吹き上げで砂かと思ったらパンパンと打ち付ける雨だった。強雨でキルティングの縫目から浸込みズボン内も濡れた。段々小屋が近づいたが前方の例の女性を見失った。やがて小屋に近づき、ここぞと思う所で下って行ったら偶然にも霧間に瞬時女性の赤服が見え野口五郎小屋を発見し避難した。8時頃だった。天候急変だが小屋が近くて助かった。小屋で雨宿りして少し様子を見たが体が冷え、乾かすために泊まる事にした。小屋に行き泊まる判断は正解だった。弁当付きで1万円だった。若者2人が水晶小屋に出発したが悪天候で引き返して来た。昼過ぎに強風だが雨は止み回復傾向になった。15時過ぎに①<u>野口五郎岳</u>(2956m28位、高36)に登った。水晶岳・槍ヶ岳等周辺の山々を教えてくれた。絶景だった。強風でよろける程だがピークを幾つか周回した。夜は天ノ川の星々が輝いていた。28日5:20発、<u>三ツ岳</u>(2845m47位、高37)登山道を通った時、立山や黒部・高瀬湖もよく見えていた。烏帽子小屋からのピストンで前烏帽子岳(2605m)を経て尖った烏帽子岳(2628m)に鎖を伝って登った後、南ア3大の長い急坂を13時に下山した。最大のロックフィルダムの高瀬ダムからタクシー(2100円)に乗り七倉荘で下りて見物したが見る物はなく、教訓的な悲惨な気象遭難の本を買って読み始めた。信濃大町までタクシー(女性)にしたが、身障手帳を使うのを忘れた。食事中で待たされたので少し安くしてくれた(6000円)。列車がタッチの差で1時間待った。大町－新宿で多難だが20時無事帰着した。

2014年8月5～6日(<u>西穂高岳</u>): (車)5日つくば3:25発、東京－松本から158・471号線で新穂高温泉の無料Pに停めて歩いた。ロープウェイで新穂高温泉－鍋平高原(乗換)しらかば平－西穂高口に上ったが、霧から小雨になった。11:40西穂山荘着だが13:00からなので、直ぐ山に登ろうとしたら制止された。確かに疲れており天候も悪く鬱陶しかったので翌日にした。食堂で寝て山荘に入った。6日5時発、雨と霧の中を登った。丸山(2452m)からはガレ場が多かった。独標(どっぴょう)手前は急だった。この頃雨は本降りになり風も出た。諦めようかと思ったが、その後雨は少し弱くなっ

たので登った。濃霧で見えないが林立するピークが想像できた。手強いピークは西穂独標(2701m)の11峰から始まり、8峰(ピラミッドピーク)と7峰間は特に手こずった。急峻で痩せ尾根が多く最後の第1峰ピラミッドの西穂高岳(2909m31位、高38)も急だが登り切り達成感が湧いた。雨の中、急ぎ証拠の写真を撮った。逃げるように西穂山頂を離れ、雨で濡れていたので一歩一歩確保して慎重に下りた。それでも5時間10分のコースを上り約3時間、下り約2時間の計4時間45分で速かった。西穂山荘10:10発で11:50新穂高温泉に下山した。12:10発、高速松本ー東京で21:00帰着した。

8月19〜20日(小蓮華山-白馬岳-杓子岳-白馬鑓ヶ岳)：(車)19日つくば0:05発、長野にカーナビを入れたが選択ミスか迷った。不調ナビだと無理かと思い、三郷ー川口で外に出たが、高速の下では不可でパニックになった。少し離れて長野を打ち直し、再度高速に入った。6:30栂池高原着、ゴンドラリフト8:00発、栂池ロープウェイで自然園・展示を見て8:50発、天狗原ー乗鞍岳(2437m)(北ア南部の山と同名)を越えて白馬池を経て登った。遠くに見える①小蓮華山(2766m、

高39)への登りはきつく感じた。その後下り三国境からは調子良く登り白馬分岐点で写真を頼んだ。以降、②白馬岳(2932m、26位)まで人に遭わず、頂上にはパーティ10余人がいた。表示名台で山々を確認して下り15:30村営頂上宿舎着、よく歩いた。昼間の天気は良かったが18時頃に雨となった。20日5:40発、霧と強風の中を杓子岳(2812m60位、高40)から白馬鑓ヶ岳(2903m32位、高41)へと登った。下山では鑓温泉方面の道が判りづらかった。温泉は入らず急ぎ下り猿倉12:15着、バスで八方ー栂池高原に移動して車を受け取り14:00発、長野・善光寺に参拝して三郷経由で21:20帰着した。

2014年8月28日〜9月1日(薬師岳)：28日つくば14時発、羽田18:25発、富山泊。29日6:20発、折立8:20発、樹林帯は暑くきつかった。12:30太郎平(2330m)からは歩き易かったが凄く急な沢沿いを登った。薬師岳山荘14:20着、北アの薬師岳(2926m27位、名39高42)には50分で登り16:30小屋に戻った。手袋なしで寒かった。30日天気悪化との小屋での情報で北薬師岳(2900m)は行かず。もし大雨で谷川になると危険なので、早く下りたが上天気で

拍子抜けした。太郎山(2373m)の南で珍しくゆっくり山を探勝した。太郎平9:00発、気力落ちで気が緩んだか、何でもない所で右足首を捻挫したが、まあ歩けた。11:30折立に下山し待った。バス14時発、富山16時着・泊。31日6時前発、立山駅－美女平で立山杉の原始林で数百年の特徴ある巨樹6本と倒木更新を見て感動した。立山高原バスを美女平－弘法で降り、急斜面を鬼城・称名川に下った。霧の中で称名滝を見た。落差500mのハンノキ滝は落水が少なく細いが確かに見え感激した。立山駅－富山に出て、風の盆の展示文学館を見学し館員と話をして下記の風・風の本を寄贈する事にした。9月1日富山から八尾(やつお)に行き、八幡神社・蚕養宮・紙博物館・おわら節・おわら風の盆踊(最後の踊りは雨)を終日回遊して、2013年1月の入院時に読んだおわら風の盆の冊子に惹かれての探索を心行くまで堪能した。富山－羽田で23:30帰宅した。

9月5日に『自然の風・風の文化』(真木・真木、2014)を出版した。あとがきに、真木の百名山を提示したが、「日本百名山を登らないで、真木の百名山ですか?」の問いに答える意味で、先に特化して日本百名山を踏破する事に変えた。百名山は高山・時間的・地域を考慮した難しい山からとし、まずは百名山・百高山の常念岳と百高山は5山に登ったが、実質は2015年5月からだった。

2014年9月22〜24日(燕岳-大天井岳-東天井岳-横通岳-常念岳)：22日TXつくば20:18発、新宿バス23:00発、23日穂高駅着3:44、タクシー5:00-5:40中房温泉発、踏み慣らされた山道を燕岳に向けて登った。燕山荘に荷物を置き急ぎ35分で<u>燕岳(つばくろだけ)</u>(2763m76位、高43)をピストンして<u>大天井岳(おてんしょうだけ)</u>に向かった。若者と抜きつ抜かれつになったが最後は抜かれた。大天荘に13:30着で7〜10時間かかるのを8時間で速い方だった。荷物を軽くして<u>大天井岳</u>(2922m30位、高44)に登った。天気良く眺望最高だった。これで30位2900m以上の高山は踏破した。有明山(信濃富士)は頂上が平で目印になった。昼間は快晴で夜は雲が出た後、快晴となり手に取れそうな満天の星だった。24日6:07発、ハイマツの多い下り気味に並ぶ中天井岳(2890m)－東天井岳(2814m58位、高45)－<u>横通岳(よことおしだけ)</u>(2767m72位、高46)を快調に下って、常念小屋から<u>常念岳</u>(2857m45位、名40高47)

にピストンで登り常念小屋から13:05に一の沢沿いのヒエ平に下山して山の神からタクシーで穂高駅に出て、松本－新宿で19:20帰着した。

　常念岳は百高山・名山であり、先に名山達成には不可欠であるため、長距離の難山を先に踏破する目的で登ると同時に、踏破可能な4高山を加えて効率的だった。

　2014年11月18日：つくば 発、奥多摩・日原の森林館からツバメ岩・カゴ岩・梵天岩を見た後、日原鍾乳洞(700m)に入った。巨樹では楢・杉や斜面上の栃を見て回り、登坂して倉沢の檜(1000年)を見た。奥多摩では三本杉(三頭木)を観察し充実したハイキングだった。

　2014年11月23日(榛名山)：(車、妻)つくば発、伊香保の徳富蘆花記念館を見てココアを飲み野鳥を観察した。榛名山(榛名富士1391m)はロープウェイで榛名富士頂駅から頂上に登り、榛名神社では矢立杉(9.8m、30m、1000年)の杉並木を観察した。妙義山に行き妙義神社と大国神社に参拝した。高速松井田妙義－笠間西で帰った。

　2014年は30山に登り、2014年末で百名山40・百高山47、共に40山以上に達し百高山の集中年だった。山行関連20回程の全国・関東巨樹観察会は割愛した。

(13) 百名山への切換集中年の登山

　2015年1～12月(国際農研・九大名誉教授・学術会議連携会員～(3月国際農研最終・4月北大研究員)～同連携会員・北大研究員)：

　2015年1月4・11・24日(筑波山)：訓練で筑波山に3回登った。4日キャンプ場コースで登り自然探求路を一周して立身石を見た。11日筑波山周遊道路より途中の薬王院コースからと24日薬王院コースで登った。

　2月1日：(車)つくば発、裏筑波から雪で車は登れず挫折して変更し、雨引観音から雨引山(409m)に登った。雪は多い所で15cmあり結構きつく、丸太敷段で滑って尻を打ち、手も擦り剥いたが、御岳山(231m)・雨引山を往復して帰宅した。足の訓練になったか。

　2月14日：つくば発、高尾の森林総合研究所・多摩森林科学園に行き展示園を全て鑑賞して広い桜園を歩いた。桜の開花時の再訪を考えた。高尾はケーブルカーで上り薬王院を通って高尾山(599m)に登った。タコ杉・1000年杉並木が素晴らしく霜柱が立ち寒かった。夜、ますみ義姉か

ら50年振りに農工大の黒部先生の話しを聞き驚いた。充実した1日だった。

2月19〜21日：19日バスつくば8:48発、羽田－札幌では大通公園を歩き札幌テレビ塔に登って夜景を眺めた。センチュリーロイヤルH泊。20日気象学会北海道支部会で口蹄疫の講演を酪農学園大で行い懇親会に出た。arc H泊。21日北大に寄り、真冬の雪の藻岩山(531m)にケーブルカー・ロープウェイで登った。雪山の景色は鮮明で素晴らしかった。札幌－羽田で21時帰着した。4月より退職で通勤生活が終わり時間的にフリーになり登山がし易くなった。

2015年4月22日：(るり子)TXつくば8:08発、高尾の多摩森林科学園でウコン・ギョイコウ・カンザン等多種の桜を見た。高尾山口に移動しケーブルカーで高尾山(599m)に登り4号路から下りた。法曹会館の関東農工研究会に出て東京から23時頃帰着した。

4月27〜28日：(るり子)27日TXつくば5:06発、上野(新幹線)－富山・瀬浜で雪の立山を遠望し、珍しい海上の蜃気楼を望遠鏡で見て、森家展示室座敷で白エビの昼食を味わった。富山に引き返し富山城・市役所展望台(残雪の立山を遠望)・瀧廉太郎記念館・県庁公園に行った。東横イン泊。28日5:20発、美女平で立山杉の巨樹林を散策した。室堂(2450m)では堂々君臨の雪の劒岳・立山を眺望して、雪上をみくりが池まで歩き、緑のハイマツに囲まれた雪の池に少し水が見えた。みくりが池温泉近くで雷鳥に遭い写真を撮った。豪雪で有名な19m高の雪壁がそそり立つ雪の大谷を歩き、大観望で雪の絶景を眺め、黒四ダムを歩き、くろよん展示室を見学、扇沢に出て信濃大町－東京で22:30帰着した。

2015年5月23〜26日(岩木山)：23日バスつくば4:47発、羽田－秋田で千秋公園に行き、秋田大の沙漠学会に参加した。ドーミーイン秋田泊。24日沙漠学会で発表して東海林太郎記念館・大鵬記念館を観覧した。秋田大鉱業博物館では故郷の西条市の市之川(世界一結晶の産出地)のアンチモンを紹介して秋田(レンタカー)17:45発、Hルートイン能代に泊まった。25日6:35発、白神の十二湖の3湖を訪れた。白神ライン不通のため北回りで深浦－鰺ヶ沢から白神山地に入り暗門の滝コースで遺伝資源展示橅林を歩いた後、車とリフトで岩木山9合目(1450m)まで上り、1時間15分かけて岩木山

(1625m、名41)に登頂した。白神山地の眺望は抜群だった。下りてから1000年の関の亀杉や日本一の北金ケ沢銀杏(幹周22m、樹高31m)を見て千畳敷からウェスパ椿山(椿島)に行き泊まった。26日4:50発、山奥深い青森・秋田県境の残雪の白神二ツ森(1087m)を1時間かけて登山し30mの雪渓を笹に捉まって登り白神山地・白神岳の峰々を眺めた。下山して白瀑神社・滝を見て、風の松原(稲荷神社)の林間を歩き、はまなす公園で展望台に登り松原の景色を眺め、白いハマナスを見た。秋田の太平山・仁別国民の森で美林と夫婦杉等を散策し、秋田－羽田で23:30帰着した。

2015年6月10日(筑波山)：桜川市筑波高原キャンプ場から深峰歩道コースを筑波山に登った。密弘寺・八柱神社・三所神社で欅・桜・檜の巨木を見た。

6月13～14日(丹沢山(蛭ヶ岳))：13日TXつくば5:06発、新宿－秦野－ヤビツ峠から岳ノ台(899m)は笹の露で服が濡れた。二・三ノ塔－塔ノ岳(1491m)、途中「一郎」に似た2人と後先になった。丹沢山(1567m)に着いたが霧で見えず、みやま山荘に泊まった。夜、暑くて窓を開けると少し良くなり寝られた。14日雨は出発直前に止み6:30発、富士山が見えた。小雨の丹沢山(蛭ケ岳1673m、名42)で写真を撮って山荘に3時間で戻り、塔ノ岳－鍋割山(1273m)を回って大倉に15時下山しバスで渋沢に出て小田急新宿で18:30帰着した。丹沢の樹木・植生は鹿の食害で特異化しており、樮、桜、楓、ウツギ、バラ、グミ、アセビ、アザミ(刺)、大灌木を観察した。

2015年7月11～14日(木曽駒ヶ岳-三ノ沢岳-檜尾岳-熊沢岳-東川岳-空木岳)：11日TXつくば5:06発、新宿－岡谷－駒ヶ根－駒ヶ岳ロープウェイで千畳敷に着いて登り、乗越浄土を越えて、まず宝剣山荘に寄り中岳(2925m)に登った。天気良く素晴らしかった。次ぎに②木曽駒ヶ岳(2956m25位)を究めて引き返し、剣・牙状の険しい宝剣岳(2931m)に登攀した。急峻な岩場を縫って宝剣山荘に戻った。夜は鼾を掻く人の隣できつかった。12日4:30起き丁度御来光を窓から見て6:00食事して発ち、千畳敷回りで極楽平に着いた。三ノ沢分岐からハイマツが多く三ノ沢カールを見た。頂上付近に雪があり道が明確でないので適宜頂上に向けて登り三ノ沢岳(三沢岳2846m46

位、高48)に着いた。三ノ沢分岐からコースタイムは片道2時間だが現地のガイド図では1時間40分でその通りだった。三ノ沢分岐に引き返し、ベテランに引かれ勇気を出して南側から狭い急な道で2度目の宝剣岳を越え宝剣山荘まで戻った。時間が浮いたので和合の頭(2911m)－勅銘石(9合目)－伊那前岳を40分宛で往復した。宝剣山荘に連泊した。夜には流れ星が大きく見えた。上空は薄雲があったが星が潤んで見え風が強い事が前触れで判った。その後強風になってきた。また徳島の彼の鼾で苦労した。13日朝霧だったが強風は少し弱まった。朝食して彼と同時に出たが写真を撮り遅いので先に登った。千畳敷回りで極楽平－島田娘ノ頭(2858m)－濁沢大峰(2724m)－檜尾岳(2728m85位、高49)－大滝山(2708m)－熊沢岳(2778m69位、高50)－東川岳(2671m97位、高51)－木曽殿越・木曽殿山荘着だった。極楽平より檜尾岳まで何の案内もなく、ずーっと強風と雨・ガス(霧)だった。濁沢大峰で道を間違えた。元に戻った先に鎖があり何とか越えて行けた。特に檜尾岳の前後は雨に見舞われた。30分間かなり降った。西側斜面は雨で風下の東面では止んだ。熊沢岳から赤の矢印があり助かった。6時間40分の予定が8時間30分かかった。他の夫婦も9時間かかった。木曽殿山荘に夫婦、自分(15:05)、彼の4人が面白い事に同時と言うか相次いで着いた。その直後、反対の空木岳からドイツ人1人が着き5人が泊まった。千畳敷方面から来た4人皆が、道を間違え長時間かかった。極めて道案内が悪く遭難の危険があった。霧・強風の中、千畳敷から1日歩いて誰にも遭わなかった。夜中強風で雨だった。谷・鞍部の小屋は風が強く唸っていた。14日5:35最後に出た、山荘の人が急な坂道や岩の通過法など詳しく説明してくれた。越百小屋に行けないと電話した。強風だが霧は少し薄くなり陽も出たりした。急な坂を上り、夫婦に第1ピーク近くで追付いた。頂上近くに大岩が沢山あり、7時頃巨岩のある空木岳(2864m42位、名43高52)に着き、南の南駒ヶ岳・越百山方面を眺め写真を撮っていると晴れて来たので再度行こうかとも思ったが、名残惜しく駒峰ヒュッテに下りた。巨岩の駒石を見て下ったが、大地獄の鎖で滑って擦り剥きボトルを落とし坂下で拾って下山した。タクシーを呼ぶ電話が通じず、歩いて13:25菅ノ台バスセ

ンターに下り駒ヶ根に出た。新規5山を踏破し6山を縦走した。駒ヶ根－岡谷－新宿－東京で19:10帰着した。極楽平－檜尾岳－熊沢岳間の道の悪さには驚きを越えて情けなかった。百名山達成後、山の日制定に関連して、環境省に山道案内標と道の整備等を要求した。応対に際して腹立たしい点があったが、善処の文書をもらった。なお、国立公園ではかなり整備されているので、山地該当市町村と密接な関連の総務省への説明・要望が適切だったかと思った。本件では総務省・長野県・駒ヶ根市・大桑村に改善を願いたい。

2015年7月20〜25日(トムラウシ)：20日バスつくば4:47発、羽田7:15-8:40新千歳、新札幌から北海道博物館新設館内を見て40分程交流館と野外を見学した。百年記念館・塔を見て自然ふれあい交流館へ行き1周した。2次林の森林を見て博物館に戻った。酪農学園大で人工降雨を講演し大麻駅で泊功氏と会い新札幌で会食して旧交を温め感謝した。21日手稲山に登ろうとして1.5km歩いて南側の平和の滝の登山口まで行ったが、登り5kmで無理と判断した。北側のロープウェイは数年前に廃止だった。引き返して北大に行き南極・沙漠・人工降雨の講演をした。22日新千歳でタイムレンタカーを借りオソウシ温泉鹿乃湯荘に行くが不良ナビで苦労した。2回引き返してガソリンスタンドで聞き、奥地の細い砂利道で恐ろしい程の山道に入った。25分かかってやっと鹿乃湯荘に12:30着いた。そこから雨中、谷川のように流れ落石もある細い山道を20分以上かかって舗装道路に出て、赤鉄橋から東大雪荘を下見した。谷川からは湯気のような霧が出ていた。冷たい水からの蒸発霧であろうか。明24日は鹿乃湯荘側からキャンセル可能と聞いたし東大雪荘は相部屋なら可能なため予約した。早朝なので助かった。東大雪荘から30分かかって未舗装のダート道を登り望岳台と短縮登山道を下見に行き、帰りは20分で下りた。鹿乃湯荘に4時間で引き返し17時着。NHKテレビが何とか見られ翌日の天気は不良。十勝岳登山を考えていたが天候も悪く、本命のトムラウシ(2009年7月遭難死9人)が体力的にきつく遭難すると困るので迷った。23日3:30発、天候の悪い中、温泉宿から山道を下りて十勝方面に入ると農地で鹿を見た。雨と明日のトムラウシを考え十勝岳は止めて然別湖に行った。火山展望台よ

り扇状地を眺望した。駒止湖・然別湖で風穴を見て糠平湖に行った、東大雪自然館を見て感心したが「風穴が春に成長する」はおかしいと伝えた。上士幌・音更に下った。東大雪荘に14時過ぎに着き風呂に入った。大広間の何処に寝ようと迷ったが入口近くにしたら、後から来た人が煩く別の人がさらに割り込んで来て失敗だった。朝弁はお握2個・漬け物でバイキングとは大違いだった。24日早朝直前の雷雨は気になった。2:50発、短縮登山口に着き、まだ暗い3:40に発ったが無灯で歩けた。服は直ぐ汗でベトベトに濡れ、快晴になったが山は雲で見えず。樺、エゾ・トド松、高山植物が多かった。折角登った高地からジグザグに下りコマドリ沢近くで徒渉せず直行して失敗、引き返し沢を渡ると雪渓になった。大きい登降が2回あり、特に1回目がきつく、帰りに体力を残さねば！前トム平(1732m)を越え、景観と花が売りのトムラウシ公園を眺めて大岩の重なりを越え雪渓を登った。頂上直前と思った岩の上で休んだら頂上だと言われた。難関のトムラウシ(トムラウシ山)(2141m、名44)は達成感があった。9:30着で登りに約6時間かかった。大岩に隙間があり写真を撮った。

十勝岳が一時見えたが写真を撮り損ねた。9:50発で下るが、登降があり、山道を強引に結び付けた感じがした。途中泥濘(ぬかるみ)に悩まされ休み休み下った。14:30車に着いた、下りは約5時間で、往復コースタイム9時間35分が目一杯頑張って10時間50分かかった。直前に霧雨となり14:50車で下り始めたら本降りになった。登山中は積雲のため太陽も出たが、雨を神業的に逃れ15:20東大雪荘に着いた。トムラウシのコースタイムは他と比較して相当厳しく、全体でも12時間30分で2時間程度長くかかり、希有で貴重な登山だった。靴とズボンの土を流して15:50発、人の車の後ろでゆっくり走った。高速・冷冠－千歳で19:20着、千歳の宿は不案内で何回目かに聞いた人が親切に誘導してくれた。極めて狭いスペースだった。25日5:50発、車を返して新千歳8時ラウンジに入り10:00発の新千歳－羽田で14:00帰着した。

2015年7月30日～8月2日(黒部五郎岳-三俣蓮華岳-双六岳-抜戸岳-笠ヶ岳)：30日TXつくば5:06発、上野(新幹線)6:22-8:26富山－有峰口－折立10:35着、慣れた3回目の単調な山道は蒸し暑かった。太郎平小屋15:00着、31日5:40発、2日

目は疲労回復し北ノ俣岳(2661m)まで順調だったが五郎越の急坂はきつく、黒部五郎岳(2840m51位、名45高53)を究めた後、北側の黒部五郎カールを見ながら雪を3回食べ、ゆっくり歩いた。黒部五郎小舎13:30着、高山の小屋内で珍しくコオロギが鳴いていた。朝弁は21時にもらった。8月1日4:00発、ヘッドライト初使用、満月の月光が明るいが林内は必要だった。三俣蓮華岳(2841m48位、高54)頂上は教えられて登り快調だった。丸山(2854m)－双六岳(2860m44位、高55)も時間がかかったが順調に登った。笠ヶ岳が見えてから4時間ガンガン照りで暑く、木陰で弁当食べ休息して助かった。4人組と同じく無雪コースにした。子供連れの4人とも抜き抜かれになった。弓折岳(2592m)－抜戸岳(2813m59位、高56)を越えて笠ヶ岳山荘15:15着だった。少し休みガレ場を笠ヶ岳(2898m34位、名46高57)に登った。頂上は石で平になっていた。周辺の槍・穂高など全山が見渡せ焼岳・乗鞍岳・御嶽が1列に見えた。独立峰の御嶽は北ア続きの最南端に見えた。翌日の南尾根は雪崩・倒木で荒れて徒渉不明瞭との事で意欲を失い絶念した。時々、小屋では有益情報も得られるが、不安を煽られて止めさせられる傾向がある。21時消灯。1布団に2人で暑く、マスクして寝たが汗をかき眠れなく下窓を開けてくれて良くなり朝方少し寝た。2日5:26発、抜戸岳から笠ヶ岳新道を下った、景色は抜群で急断崖を見て長い坂を下り森林浴をした。下部には巨岩があった。穂高側の麓にお助け風穴があり、冷気を多数点で感じ写真を撮り、風穴研究者として山ガールに教えた。下からの笠ヶ岳の断崖は凄く急峻に見えた。10:30新穂高温泉に着き、バスに乗る前にラーメンを食べた。11:30-13:30で松本着、特急に乗る時に食料買えず持参の菓子類を食べたが皮肉にも1つ残していた。松本－新宿－東京で18:30帰着した。

2015年8月6〜8日(爺ヶ岳-鹿島槍ヶ岳)：6日TXつくば9:24発、上野(新幹線)10:30-12:09長野(バス)13:00-14:10信濃大町着、信濃大町で塩の道博物館の塩問屋倉庫を見た。瀬戸内の塩を糸魚川経由で輸送していた。夜、旅館いとうで蚊に刺され、早くもコオロギが鳴いていた。暑くて眠れず、扇風機でクシャミが出て風邪薬飲んだ。7日九日町より5:30バスに1人乗った。ザックを車内に持ち込めずクーラーで冷え、体動かし

耐えた。扇沢6:15登り始め、森林があり日陰が多くヒバ、ツガの大木があった。4時間で種池山荘に着き休憩した。爺ヶ岳は雲があり暑くなく良かった。爺ヶ岳(南峰2660m－中央峰2670m99位、高58)を登下降した。北峰(2631m)は登れず(危険と植生保護)、帰りも不明だった。6時間15分で12:30冷池山荘に着いた。夕方、鹿島槍ヶ岳のカールが沸き立つ雲と共に間近に迫り感激した。夜中3時頃、月明かりが弱く星が綺麗だった。8日4:10発、針ノ木岳・赤沢岳、遠くに富士山・立山・剱岳もよく見え感嘆した。布引山(2683m)から強風(8～10m/s)と低温(6～8℃)で苦労した。耳が痛くなりヤッケとカッパを着た。鹿島槍ヶ岳(南峰2889m36位－北峰2842m、名47高59)に登った。南峰－北峰間は25～30分だが強風で40分かかった。キレット並に急峻で参った。約5時間で引き返し冷池山荘9:00に戻った。下る時は暑く種池山荘で冷たいジュースを買って飲んだ。往き100×25cmの雪が帰り10×5cmに融け驚嘆した。下り5時間半で14:30に下山した。扇沢15:10-17:00長野17:06-18:57東京、20:20に帰着した。

2015年8月17～19日(小蓮華山-白馬岳-旭岳):17日TXつくば20:50発、新宿(バス)23:00-18日6:25栂池高原着、8:00発ゴンドラリフト・ロープウェイ、8:50登り始めて急坂となり、乗鞍岳(2437m)を越えると、やがて大石が白馬大池まで続いた。そこで弁当を食べると雨になり雨具を着た。②小蓮華山(2766m、74位)は霧雨だった。③白馬岳(2932m、26位)15:20着、頂上宿舎15:50着、旭岳は霧の中を下見のつもりで出た。雪渓があり方向不明だったが、霧が晴れて頂上が見えたので、登り始めたら白馬の方に行ってしまい引き返して旭岳(2867m39位、高60)に登った。相当捜したが三角点はないのか見当たらなかった。白馬は3回目で白馬頂上には5回登った。欅平方面は道が荒れて長時間かかるため止める事にしたが別の人は翌日出て行った。立て続けに今回も、特に公営小屋では不安がらせ中止を勧め過ぎる傾向があり空しく感じた。以前同室だった佐賀の人と2人のみで偶然同室になった。19日4:30発、白馬岳頂上では晴れて旭岳も見えた。上層雲と下層雲(雲海)で高山は雲なしでよく見えた。小蓮華山経由で下山した。栂池高原の自然園で急ぎ浮島まで行き写真を撮り戻った。ロープウェ

イ・リフト11:40発、ツアーの人と一緒になり山の愚痴を聞いてもらった。長野行きバス12:25発、長野(新幹線)15:03-16:28東京で、18:20帰着した。

8月22～24日(間ノ岳-農鳥岳-広河内岳)：22日バスつくば13:17発、新宿－甲府で舞鶴城公園・甲府城を見て武田神社をタクシーで往復した。23日バス4:35発、広河原6:30発、二俣から何とか八本歯ノコルを越え、喘ぎながら②中白根山(3055m)－②間ノ岳(3190m3位)で15:30農鳥小屋に最後に入った。ほぼ時間通りだった。夕食は干し野菜・味噌汁・ご飯だった。24日4:30発、西は曇り、東は晴れていた。②農鳥岳(西農鳥岳3051m、15位－農鳥岳3026m)を越えて下り、大門沢下降点から①広河内岳(ひろごうちだけ)(2895m35位、高61)を約1時間でピストンして12:30第一発電所に下山した。コースタイム8時間40分を8時間で速かった。奈良田温泉4.3kmの炎天下を歩き、側溝でマムシを見た。奈良田(バス)13:50発、身延－富士－三島(新幹線)－東京で19:30帰着した。

8月29～30日(龍王岳)：29日TXつくば5:06発、上野(新幹線)6:22-8:26富山まで雨だったが立山に着き、美女平より室堂10:50着は晴天だった。室堂11時発、雨中を室堂山(2668m)に登った。浄土山(2831m)では富山大施設で道が分かり難かった。兎岳(五色ヶ原)方面に行く若者3人と登る内に、登り口を通り過ぎ引き返して龍王岳(2872m38位、高62)に登った。写真を撮り一ノ越・山荘に下った後に雪渓があり滑りながら下りた。みくりが・みどりが池の間を通って雨中かつ有毒ガスの出る中、マスクを付けて雷鳥沢ヒュッテに15:40に着いて温泉に入り泊まった。30日雨で大日岳を絶念して室堂6:15発バスで立山に下り、立山カルデラ砂防博物館を見た。下山し立山－寺田－新魚津よりタクシーで魚津埋没林館に行き海面下の興味深い埋没林展示を見た。新黒部・黒部宇奈月温泉(新幹線)14:10－東京で、18:10帰着した。

2015年9月3～5日(仙涯嶺-南駒ヶ岳-空木岳)：3日TXつくば6:28発、新宿－塩尻－木曽福島。木曽川は増水していたが清流だった。雨中、山村代官屋敷では庭を見て供応室で休み寝ていたら、神の化身とされるご神体(白狐ミイラ)を見せてくれた。昔は見物人で繁盛したそうだ。外の稲荷神社にもお参りした。福島関所資料館では通行の苦労が窺えた。高

瀬資料館では土蔵の展示室を見たが、島崎藤村の姉の家で「家」のモデルだった。お握り食べたらお茶を出してくれた。旅館むらちやで暖房付けて乾燥させたが、夜消したら冷えて震えていた。再度暖房を点け毛布を出して寝た。4日6時発（直前に雨止み）、須原からタクシー（5400円）で伊奈川ダム近くに下りた。7:30登り始めたが同宿予定の土屋氏(彼)は先に行った。コースタイムより少し早く13:00越百小屋に着いた。曇・霧の森林帯で余り暑くなく小屋はその境界線にあった。名物親爺であり3食(1万円)で拘りコーヒーも出た。5人でよく喋ったが、険しい山・コンパス・保険で不安を煽られた。夕朝ストーブあり寝袋に入ったら寝苦しく掛けて寝た。満天の星空になった。5日5:35発、晴天で雲海があった。越百山(2614m)は一番乗り、仙涯嶺(2734m82位、高63)は鋭利な岩山で彼に追い付かれた。前に偽山があると聞いていた。道が沢山あり判り辛かったが外回りで目的の南駒ヶ岳(2841m49位、高64)に登った。富士山も見え景色は最良だった。駒峰ヒュッテは混むので急いだ。鎖が厳しかった事で、前回の天候下では無理だと思った。1人に遭ったが南駒ヶ岳日帰りの早足で追い抜かれた。花崗岩の巨岩に覆われており、赤椰岳(2798m)も岩山だった。ここで引き返す計画だったが、彼の小屋での話で駒峰ヒュッテが泊まれるため変えた。2度目の巨岩の②空木岳(2864m、42位)に逆道から11:40に着き写真を撮影した。駒峰ヒュッテは12:00着で12:30まで休み、彼に伝言を頼もうと話した時に偶然に来て、直ぐ山を下りる事を話した。最初急ぎ後は普通で歩き16:00菅ノ台に下山した。鷹打場でタクシーを頼み林道終点から駒ヶ根まで出た(4050円)、駒ヶ根17:22発、東京で23時過ぎ帰着した。

9月10〜13日(霧島山-開聞岳)：10日バスつくば4:47発、羽田－宮崎、宮崎シーガイアで生物環境工学会国際振興賞を受賞し学術会議情報システム(ロボット)に参加した。スカイタワー泊。11日3:30発、レンタカーでえびの高原に行き、硫黄山(1317m、硫黄臭、2018年噴火警戒レベル2)経由で霧島山(韓国岳1700m、名48)に登った。典型的な火山であり快晴で雲海があった。韓国岳より新燃岳(1421m、2011年1月噴火)火口の煙が鮮明に見え、三角形の高千穂峰も見え景色は上々だった。大浪池(1411m)を1/3回った。高千穂

河原を通り、御鉢(1408m)と高千穂峰(1574m)は火山岩・石・灰で崩れそうな足場できつかったが登頂した。火口は25あり、池15、無水10だそうだ。下山後ビジターセンターを見た。霧島温泉に移動し霧島神社を参拝して渓谷で柱状節理を見た。あかまつ荘(4832円)は蚊・蟻・蟬(シミ)がいて水道水は茶色でクーラー不調。外食のウドン定食は多量だった。12日2:30発、5:30開聞岳公園着で開聞岳(924m、名49)に登った。山道は螺旋状で頂上近くの8合目以上は大岩が重なり急峻だった。頂上からは湾・池の景色が手に取るように控え最高だった。頂上には皇太子登頂記念の丸い名盤があった。思えば遠くに来たものだと感慨に耽った。10:40下山した。池田湖で休み指宿北のマングローブ林(喜入の琉球コウガイ)を見て鹿児島では仙巌園(島津家・磯庭園、反射炉等)と文書館を見た。安く豪華なRembrandt H(4200円)に泊まった。13日3:30発、高速姶良を出て熊本・蒲生の大楠前を通り、藺牟田池(泥炭形成植物群落、295m)を周回した。宮崎・綾では照葉大吊橋(250m長、142m高)を渡り、滝を見て綾城に上った。各地で白彼岸花を見て球根2個取った。船引神社で清武大楠(13.2m、25m、900年)と秋祭を見た。宮崎空港でレンタカー返却、空港で高千穂神楽を鑑賞し楽しんだ。宮崎－羽田で21時頃帰着した。

9月15～18日(八甲田山-岩手山)：(車)15日TXつくば5:51発、上野(新幹線)－盛岡、盛岡大の農業環境工学大会で発表し、レンタカーで11時盛岡より十和田に行き十和田シティHに泊まった。16日3:10発、酸ヶ湯温泉から仙人岱の木道(早い初霜が太陽に輝く)を通って八甲田山(大岳1585m、名50)に登った。小岳・高田大岳・硫黄岳が手に取るように見えた。井戸岳(1452m)火口を半分回り赤倉岳(1548m)で引き返して湿原に下りた。上・下毛無岱を回り展望台からも眺めた。紅葉はかなり進み見事で貴重な高原湿地を心行くまで見ながら下った。10:50酸ヶ湯温泉に下山してビジターセンター・東北大植物園に入った。十和田湖・奥入瀬を通って盛岡・御所湖の前の繋温泉ロデムに泊まった。17日3:00発、馬返しを暗い3:50に登り始め、熊除けに歌いながら岩手山(薬師岳2038m、名51)に登った。お鉢巡りをした。見晴らしは素晴らしかった。岩手山神社奥院に寄った。登りは豆腐岩－新道を、下りは荒れた旧道(大蔵

石)を通って12:00下山した。9時間45分を8時間で速かった。小岩井牧場に寄りロデム2泊目。18日3:40発、細道を通り早池峰神社に着いて杉巨木を見たが、かなりの風雨で早池峰登山は諦めた。盛岡城跡公園を見てレンタカーを早く返し盛岡(新幹線)－東京で14:30帰着した。ETCを忘れ、電話して送ってもらった。

2015年9月21～23日(鳳凰山(薬師岳-観音岳-地蔵岳)-高嶺)：21日TXつくば12:25発、新宿－甲府で東横イン泊。22日バス甲府4:35発、夜叉神峠登山口5:50発、杖立峠から苺平でシラビソ・ダケカンバ林内を競って歩き南御室で水を補給した。森林帯からガマ巨岩を見て視界が開け、大岩の多い砂払岳の横を通って12時に薬師岳小屋に着き荷物を置いて鳳凰山(薬師岳2780m、67位、高65)に登り、周辺の岩地や砂払岳の巨岩にも這い上った。紅葉は絶好だった。薬師岳は夕方にもスリッパで見に行った。小屋は最初涼しかったが後は人熱れで暑く息苦しかった。23日6:23発、薬師岳を通過して快晴になり富士山・北岳・間ノ岳が近くに構え絶妙の眺望だった。最高峰の鳳凰山(観音岳2841m50位、名52高66)に着いた。百名山では鳳凰山で代表されるが観音岳、薬師岳、地蔵岳で鳳凰三山と呼ばれている。順調に越えてアカヌケ沢ノ頭(2750m)から地蔵岳の方に下り鳳凰山(地蔵岳2764m、高67)のオベリスク(地蔵仏と呼ばれる巨大な尖塔で鳥の嘴に見立てる)の相当上部の2750m位まで登れた。頂上の岩は大きく真2つに割れていた。再び賽の河原(沢山の地蔵仏)から沢ノ頭を越えて高嶺(2779m68位、高68)に登り弁当休憩した。地蔵岳はずっと視界にあった。北岳と谷川全体が正面に見え広河原が直下に控え、景色は申し分なかった。薄ピンクの可憐なタカネビランジを見かけた。白鳳峠の分岐点は林の中に標識があり、急な坂で広河原に12:40下山し12:45バスに乗り、甲府－東京で18時過ぎ帰着した。4山踏破した。

9月27～29日(赤城山(黒檜山)-武尊山・皇海山)：(車)27日つくば5:00発、赤城大沼・赤城神社に着き、黒檜山登山口(1367m)から御黒檜大神を通って小雨の中、赤城山(黒檜山1828m、名53)に登った。霧に霞む大沼・小沼を眺め、駒ヶ岳(1685m)を経て13時頃下山し、ビジターセンターから湿地の覚満淵を40分で一周して駐車場に帰り、沼田に向かった。水上温泉郷の湯檜曽・天空の湯

なかや旅館に行き、直ぐ裏見の滝と武尊神社の下見に行き武尊山を眺めた。28日4:30発、ナビに宝台樹スキー場を入れ、水上湯桧曽－宝台樹－武尊神社で5:00に奥のPに着くと車(彼)が来た。先に出たが道が違うかと思って引き返したら彼に会い分岐点まで一緒に行き、先発したが抜かれ、彼の朝弁時に追い抜き、迫力ある鎖5ヶ所・梯子を登って武尊山(はたかやま)(2158m、名54)に先に着いた。眺望良く日光奥白根山・皇海山・赤城山を見ている時に彼が来たが途中転んで怪我をしたと言う。頂上で写真を撮り合った。南西に剣ヶ峰山がよく見え紅葉が綺麗だった。陽が照り陰りだった。剣ヶ峰山(2020m)に登ったが、後100mの標識は急で200mはあり細い尾根だった。方向によって頂上が尖りか平らに見える極端な山型だった。下山中、自然のナメコを初めて獲った。武尊山を12:30下山して武尊神社に戻り、移動して老神温泉の尾瀬老神山楽荘に入り直ぐ皇海山道(かいさん)の下見(14:30-16:30)に行った。途中までは分かったが悪路と先の方向共に心配だった。夕食バイキングの宿代で5384円だった。29日4:20発、未舗装悪路を10km走った。極度の悪路で途中何回か引き返そうかと思った。低速で走行中、車が急に2回全開スピードになり一層心細かった。1時間どころか2時間10分で6:30やっと駐車場に着き、登山届とトイレを済ませ外に出ると丁度1台(八戸の遠藤氏)来た。皇海橋を渡った所で寒かったが服を着ず待って7:10一緒に登った。かなり上の二俣で確認のため1回休んだ。不動沢のコルを越えて皇海山(2144m、名55)に着いて写真を撮った。樹林で見晴らしは今一だった。直前登った人は熊に遭ったそうだ。帰路、尖鋒の激しい凹凸の岩稜の鋸山に行こうと急ぎ下り、少し登ったが危険と目的外で種々考えて止めた。引き返したら彼と再会した。後は一緒に降りた。途中腕時計を谷川の水中で拾った(3年後も可動)。11:15下山し道を教えて別れた。最悪の車道に対して俄仕立ての2人だが登山の方は楽だった。しばし休んで悪路をゆっくり下った。熊除けのゲートを開閉通過し、吹割(ふきわれ)の滝を見て上流の川島内を逍遥した。帰路に高速太田桐生でナビの想定外の案内で出入りし羽生で出て一般道で帰った。20時過ぎ帰着した。スーパーフルムーンの2日目だった。

2015年10月4日(男体山)：(車)つくば3:40発、6:10二荒山神社中

宮の駐車場に着いた。入山料500円、舗装道が一部あり林内や火山礫の道を登って3時間50分で10:00 男体山(2486m、名56)に着き太郎山神社に参拝した。天を突く3m程の宝剣には度肝を抜かれた。二荒山神社奥院に行き弁当を食べゆっくりした。中禅寺湖から既登頂の奥白根山と皇海山が見えた。下り2時間で13時着だった。コースタイム6時間45分が6時間50分だが、頂上での消費時間を考えると速く、よく歩いた。帰りに鬼怒自然公園に寄って17:40帰着した。

2015年10月7～8日(雲取山)：7日TXつくば5:06発、立川－青梅－奥多摩(バス)－鴨沢(536m)9:30着発。急な森林帯を登り堂所(どうどころ)(1241m)で尾根に出てから尾根伝いに進み、七ツ石山(1757m)を越えて一度ブナ坂まで下り、石尾根を伝い3人がぬきつぬかれつで急登して小雲取山(1937m)から雲取山(2017m、名57)に着いた。天気良く風が強かったため澄んだ空気で見晴らし良く、富士山や東京・八王子が間近に見えた。最初汗だくだが後で寒くなった。頂上を越え少し下って雲取山荘にコースタイム5時間15分を5時間50分で15:20着だった。ストーブあり、水洗トイレだった。夜、野外のテーブル・椅子に霜が降りていた。星が見え下界の灯りも見えた。夜寒くなり毛布を敷いた。8日5:23発、白石山(しろいしやま)(1921m)で石灰岩の崖を見た。霧藻ヶ峰(1523m)を経て三峯神社(1102m)に3時間50分のコースタイム通り9:20に下山した。急いだのに白石石灰岩や案内看板をよく読み過ぎたか。ビジターセンターから三峯神社を参拝して拝殿正面の2本杉や樅の巨木を観察した。三峯(バス)－秩父は1人で東京から16時前に帰着した。

10月12日(大菩薩岳)：TXつくば5:06発、新宿－甲斐大和(バス)－上日川峠10:00に登り始め尾根伝いに大菩薩峠(1897m)に登った。笹原で視界が開け、南側に昨日の初冠雪で1/4白い富士山が見え、頂上近くに小屋か1ヶ所光る所が見えた。西側には南アルプスの甲斐駒・北岳や大菩薩湖が鮮明だった。少し風があり寒かった。賽の河原を経て神部岩を見て雷岩から大菩薩岳(大菩薩嶺2057m)を往復した。頂上は一部紅葉の林で、見晴らしは悪かった。下山して上日川峠14:00のバスに乗れた。大和駅の待ち時間に諏訪神社を見て来た。大和－東京で19時帰着した。

10月15日(両神山)：(車)つくば

3:05発、三郷－高坂－花園－小鹿野町・白井差登山口に駐車して案内図をもらい、6:30発で小森川沿いに登った。急な鎖場を登り尾根に出て、コースタイム3時間を2時間半で9:00に両神山(1723m、名58、標識1724.5m)に着いた。真っ赤な見事な紅葉に彩られた頂上付近を歩き回り写真を撮って9:30に出て11:15下山し、駐車料千円で地図返してバッジをもらった。お茶をと言われたが滝見たさで長居は無用と辞退した。丸神の滝は76mで3段目は50mである。両神温泉薬師の湯で野菜を買い、秩父神社にお参りして、秩父夜祭のまつり会館を楽しみ、昔見た夜祭を思い出し、花園－高坂－三郷で早く17時前に帰着した。

10月18～20日(**安達太良山 - 吾妻山 - 磐梯山**)：(車)18日つくば3:30発、郡山で東北道に移り二本松で出て岳温泉から奥岳登山口に行った。ゴンドラリフト運転は早まり7:30に乗れた。薬師岳パノラマパークで智恵子抄記念碑と紅葉の安達太良山山頂を眺め、五葉松平を通り、乳首岩峰が遠くからも見えたが特徴的な岩を間近で見て9:00安達太良山(1700m、名59)に着いた。眼下の紅葉と安達太良連峰・磐梯山・吾妻山を眺めて、牛の背・馬の背に続く鉄山・峰ノ辻分岐では沼ノ平の白茶色の殺伐とした爆裂火口が見え感動した。鉄山には行かず篭山経由で勢至平を通り、滝・谷川の綺麗な紅葉を見て、3時間30分で11:00に早く下山した。山の道路が混み、特にT字路は30分以上かかり、遅い車もあるなどで14時になり吾妻山行きは諦めて谷・滝を見て下り、セレクトイン米沢に着いた。19日5:00発、直江兼続堤防を見た。四国88ヶ所・西国33ヶ所の小石像があり、山形で見るとは奇遇に感じた。7:00に着き天元台ロープウェイ8:20発で3回リフトに乗り換えて1850mまで登った。最初安全バーを教えてもらえず怖かった。かつリフトは寒く長く参った。約1時間かかった。リフトを下りてからヤッケ着て手袋もした。頂上付近は晴れて体は熱くなった。吾妻山(西吾妻山2035m、名60)に11時に着いたが変哲のない頂上で見晴らしもなかった。西吾妻小屋を経て吾妻神社・天狗岩から凡天岩・大凹を通り、人形岩では下山道を捜した。結構時間がかかってリフト3回で下り遠望の火焔滝を見に行った。15時に下山した。山のみでは4時間30分で時間通りだった。桧原湖を通った。磐梯山口は16:30

で暗くなりかけていた。会津若松では17:30に中町グランドHに入った。20日5:00発、6:10八方台で登り始め、下層晴天、上層霧で強風の中を登った。磐梯山(1816m、名61)は国土地理院の三角点標高だが、小屋には1819mとあった。頂上は霧・強風で何も見えず。10:40に下り始め天狗岩を見て、まぼろしの滝を見たが紅葉は天気の関係もあり見劣りした。下山して磐梯山ゴールドラインで不動滝を見た後、野口英世記念館を見学した後、館前で磐梯山頂の写真が何とか撮れた。猪苗代湖の天神浜の松原と小平潟天満宮を見て13:30高速猪苗代磐梯で入り17:10帰着した。

2015年10月25～26日(草津白根山-四阿山)：(車)25日つくば3:30発、三郷－渋川伊香保から草津道を走ると強風で車が揺れる程だった。7:10志賀草津道の白根火山ロープウェイに着いた。駐車場は氷が張り気温1℃、山は雪があった。8:00道路開通で入ったが、白根火山(2012m、白根山レストハウス閉鎖)は停車不可のため万座下降口で引き返した。ロープウェイは9:00から営業と思い8:45に戻ると風速26m/sで動かないので歩いて登ろうと用意して出たが橋桁の所で猛烈な風のため観念した。再度車で山に登って白根火山で車中より写真を撮って北の白根山に行くが火山ガスで入山禁止。霧氷が非常に綺麗で写真を撮った。草津(本)白根山(2171m)は危険のため登れなく三角点2165mも立入禁止だ。12:50に草津の宿・Hせんぱくに着いたが14時からで車中で寝て入った。26日4:00発で5:30四阿山登山口の菅平牧場(1591m)に着いた。草津を発つ時は無風だったが強風になった。トイレを利用し夜明けて出発した。牧場西端を通り寒い中、落葉樹林下を快調に登った。小四阿(1917m)－中四阿(2106m)を越えると四阿山・根子岳分岐辺りから積雪が10cm程あった。9:00に四阿山(2354m、名62)に着いた。3cm程の雪があり祠があった。かなりの強風で浅間山・富士山が見え素晴らしい眺望・絶景で写真を撮った。分岐点まで樹氷が積雪上に沢山落ちており厚く積もった所さえあった。帰りは根子岳に回った。樹林帯の急坂を下り、笹原とシラビソ林を通って大スキマを越えて笹原を登り、ガレ場の根子岳(2207m)に着くと祠があった。ここで馴染みの北ア白馬岳・穂高岳等々を教えてもらい満足した。ひたすら坂を下り、あずまや展望台で休み12:30

菅平牧場に下りた。高速上田－三郷で18:40帰着した。満月だった。

2015年11月4日：並木駐車場の車止めに躓き、宙に飛び転倒して顔面・顎の強打・充血の怪我を負い、病院で応急処置を受けた。山行を数日延期した。

11月10～12日(伊吹山-大峰山-大台ヶ原山)：10日TXつくば5:06発、東京(新幹線)6:25-8:34岐阜羽島、レンタカー9:00発、関ヶ原出口11時、伊吹山ドライブウェイPから石段を登って伊吹山(1377m、名63)に登り日本武尊碑を見て自然路を回った。旅館が幾つかあった。下山して、石田三成の笹尾山(200m)に登ると見晴らしは良かった。不破関跡の資料館を見た。羽島(新幹線)－京都－奈良からレンタカーを借りて走り、桜井・とみやま旅館泊。早朝出るため開け方を習った。11日3:20発、国道の山道が狭く参った。行者環隧道西5:30着で夜明頃5:50発、1時間で大峯奥駈道出合に出て9:00弥山(1895m)着。尾背筋を登り近畿最高峰の大峰山(八経ヶ岳、八剣山、仏経ヶ岳1915m、名64)に9:30着。周辺の山々と太平洋がよく見え素晴らしく、下方の色取り取りの紅葉も鑑賞した。明星ヶ岳(1894m)をピストンして国見八方睨を見た。13:00頃に行者環隧道に下山して309号線を戻った。14:00頃洞川温泉着。道場・紅葉等周辺を見物、八幡神社で巨杉を見た(猪跡)。さら徳旅館(素泊7100円)は特大3部屋に1人で吃驚して、温泉に入った。夜、駐車場が遠いため車を旅館前に移動した。ストーブが切れ寒くて我慢できず点けてもらった。12日3:20に起きテレビを点けると音が大きいと言われた。3:43発、3回目の同じ道で今度は隧道を越えた。細道で怖かったが大台ヶ原ビジターセンター6:40着。大台ヶ原山(日出ヶ岳1695m、名65)は霧・小雨で展望台からは視界なく、小石に山の名称があった。東大台コースを正木嶺(1680m)から回り、霧のため大蛇嵓展望台は行かず3時間程で一周して10:00に戻った。大台ヶ原は倒木が多く、地面や樹面は苔で被われていたが、台風害と鹿食害で荒れており見窄らしく哀れさを感じた。ビジターセンターを見学した。上北山村役場で休み、奈良に14:00着。レンタカー19時返却予定で早かったので4000円も安く驚嘆した。京都(新幹線)15:53に乗ると名古屋で乗った外国人が日本語で「すみません、空いてますか」には驚いた。順調に東

京から19:30に早く帰着した。

2015年11月16〜17日(荒島岳)：16日TXつくば5:06発、東京(新幹線)－名古屋－岐阜・加納9:30着、レンタカーで郡上八幡11:30着、郡上八幡城(登り18分)・博覧館(踊)、安養寺・愛宕神社、旧庁舎記念館、慈恩寺庭園(有料・小滝・紅葉、駐車場遠い)、いがわ小径・水路を見て旅館備前屋に泊まった。17日3:40発、ループ道、白鳥からの山道を通って勝原Pに5:30着。6:10車中泊の人と登り始めたが遅く、何処でも泊れるとか言うし天気も悪化するので先に急いだ。スキー場の上まではきつかった。やがて橅の樹林帯となり歪なトトロの木を見て登ると霧に被われた。シャクナゲ平(1204m)を越えると前荒島に鎖があった。荒島岳(大野富士1523m、名66)は霧で何も見えず標識の写真を撮って風も強くなったので急いだ。かなり下方で彼に会った。12時に下山した。コースタイム6時間50分が急ぎ5時間50分だった。霧で濡れた下り坂で4回も滑り2回は手で受け青血になった。道は余り良くなく下山して仏原ダムで休んだ。12:40雨となり早い下山で助かった。九頭竜湖駅(JR・道の駅)で実物大の恐竜の写真を撮り買物して高速白鳥で入り15:30岐阜に着き車を返した。雨で駅まで傘差し同行してくれた。名古屋(新幹線)16:42－東京で、20時帰着した。

11月21日(天城山)：TXつくば5:06発、東京(新幹線)－熱海－伊東から高原ゴルフコースバス停の万二郎登山口に8:50着。丸太組み木段を伝って林間の万二郎岳(1299m)に登った。リョウブ・ヒメシャラ・アセビの林を通ると、普通は灌木だが伊豆のアセビは大きい樹木で驚いた。尾根筋の馬ノ背(1325m)－石楠立を越え、橅とシャクナゲの林を通って天城山(万三郎岳1406m、名67)に登った。北側には富士山が大きく見えた。北のシャクナゲコースの涸沢分岐点に向けて急な木段を下った。雨上がりで泥濘もあった。時間がありゆっくり下りたが、不自然に突き出た高さ1m余りの岩(横を通れたかも)を、脛を突いて乗り越えた時、お皿を打撲した。その時も後も歩けたが、痛く回復は長期になった。14:00に下山して東急リゾートゴルフ場建物内を見てシャトルバス15:15-16:10伊東着。熱海(新幹線)－東京で19:40帰着した。膝痛は行く前からだが筑波記念病院・うえの外科で治らず真木クリニックに行くと膝を休ませる指示が出た。痛

みは1年ほどで取れたが、2年しても曲げが悪いままである。

　2015年12月2日：(車)つくば3:40発、三郷－松井田妙義から6:15道の駅みょうぎ着。6:30発、妙義神社南門を経て妙義山(日本三大奇勝)中間道のタルワキ沢から直上の相馬岳に登った(白雲山は行かず)。鎖2ヵ所、ロープ1ヵ所で激坂は足痛できつかった。垂直の岩が高く峻立し聳えていた。9:25 **妙義山・相馬岳**(1104m)に登り弁当を食べ写真を撮った。9:40下り始めバラ尾根を通った。途中2ヵ所凄い鎖があった。木の根・枝を掴んでの極めて急な登り降りを5回程して、ホッキリから12:00に中間道に下山した。中間道を通って南の中之岳神社に向けて進み第四門から下り、第二門に蟹の縦這・横這がありザックを背負っては大変だった。ストックを片づけ2回出し入れしたが、背中のストックが木に引っかかった事もあった。第一門の見事な岩の門を通って13:30石門入口(車道)に下山した。右足が痛いため心配で極力負担をかけないようにした。紅葉モミジは少し残っていた。一本杉－七曲峠－大人場(おにんば)を越え、妙義神社－道の駅に14:40着、15時発で18:42帰着した。妙義山は個人の土地を県に寄付し現在は妙義荒船佐久高原国定公園の一部である。

　12月6～7日：6日TXつくば5:06発、東京(新幹線)－熱海、レンタカー8:00発、十国峠－箱根園から箱根駒ヶ岳ロープウェイの駒ヶ岳頂上駅で降りて**箱根駒ヶ岳**(1327m)(箱根神社元宮)に登り、北方の**箱根山・神山**(1438m)に登った。霜柱が融け泥濘でいた。頂上からは半分雪を被った富士山と千石原が手に取るように見えた。大涌谷から煙(水蒸気)が上がり少し臭いがした。崖上から大涌谷を丁度覗いている時に入山注意の大涌谷から登って来た若者に驚かされた。12:30に下山して熱海で車を返し、農工大同級会(12人)で湯河原の千代田荘に16:00着いた。7日湯河原の万葉公園・独歩公園の紅葉が見頃だった。小田原に出て修復中の小田原城を見て東京から14:30帰宅した。

　12月10日：(車)つくば発、TXみどりの5:15発、青梅線・御嶽(みたけ)駅よりバスと滝本駅よりケーブルカーで御岳山(みたけさん)駅に上り神代欅を見たが、ストックを忘れて御岳神社の石段から取りに帰った。**御岳山**(929m)では御岳神社に参拝して鍋割山(1084m)－**大岳山**(1267m)に登り、

大岳神社・綾広ノ滝・ロックガーデンを通り尖った天狗岩(木伐採)に登った。多摩川上流沿いに下り、七代ノ滝(ななよのたき)は急坂を下り見てから登り返し、御嶽ー東京で19:30帰着した。

2015年は半年間で最高の80山以上に登った。百名山67・百高山68で70山に近くなり、両山共に集中年だった。

(14) 百名山の集中・達成年の登山
2016年1〜12月(九大名誉教授・学術会議連携会員・北大研究員):

2016年3月5日:バス並木大橋7:45発、筑波山ジオパークツアーで愛宕山(306m)-あたご天狗の森公園展望台-南山展望台(382m)-団子石-団子山-大福山-獅子ケ鼻-天狗の鼻-天狗の奥庭-屛風岩-**難台山(553m)**-道祖神峠(310m)を歩き地質を見学・勉強し、4時間よく歩き調査した。

4月6・10日:(車)つくば発、笠間・愛宕山・愛宕神社(椎)-桜川・磯部稲村神社(観桜)-**高峯(520m)**(山桜)-高尾神社-富谷山(365m)(小山寺三重塔)-山王神社等へ行った。西の吉野、東の桜川と称される程に山桜が有名で野趣豊かだった。

2016年5月2・3日(**筑波山**):(車)つくば発、道祖神峠から筑波山北東の吾国山(518m)に登り、八重桜・ツツジ・ギボウシ・クロモジ等を見て探索し、ハイキングを楽しんだ。3日裏筑波の国民宿舎つくばね-(裏道)-つつじヶ丘-(迎場コース)-筑波山神社(ケーブルカー)-**筑波山**(男体山・女体山)(ロープウェイ)-つつじヶ丘-つくばね。新ルート探査と訓練で登った。

5月15〜16日(**恵那山-蓼科山-霧ヶ峰-美ヶ原**):(車)15日つくば2:10発、高速桜土浦から入り東京を通過して飯田山本で出て、広河原駐車場(1166m)に6:10着で6:30登り始め、峰越林道から広河原コースの急坂を越え尾根に出て10:30恵那神社奥宮(2190m)・**恵那山**(2191m、名68、三乃宮社)に着いた。高山は今年初できつかったが、足は余り痛くなかった。頂上が神社で分かり辛かった。途中30人のツアーを抜き頂上にも30人程いた。展望台は天候と樹木で見晴らしは劣った。恵那山の名板を持って写真に収まった。13:30下山し、約7時間コースが30分早かった。飯田に出て野底山森林公園で森林を散策してエルボン飯田泊。16日3:30発、高速飯田ー諏訪でビーナスライン:VLを通って5:10蓼科山登山口着で5:20発。**蓼科山**(たてしなやま)(2531m、名69)の上部は良型の成層火山で火

口原は火山岩の重なりだった。人は上り1人、下り2人で少なく、頂上はかなりの強風で厚・薄シャツではやや寒かった。八ヶ岳・甲斐駒ヶ岳・仙丈岳・木曽駒ヶ岳・穂高岳・金峰山が眺望できた。霧の合間を見て写真を撮った。4時間半程だった。次の霧ヶ峰はVLで10kmと近く車山肩から登ったが霧ヶ峰(車山1925m、名70)は往・復40・30分で頂上のレーダーは霧に霞んでおり11時半頃降りた。次はVLを移動して山本小屋ふる里館から登り始め、美しの塔を見た。美ヶ原(王ヶ頭2034m、名71)は牧草地の王ヶ頭H奥にあり往復2時間だった。登りは向かい風で少し強かった。16時頃美ヶ原を離れ、高速諏訪－東京で帰った。1日で、離れた場所の百名山3山は効率的だった。以前に霧ヶ峰・美ヶ原に行ったが、最高点は知らずに登らず、今回になった。21時帰着後、震度4地震、横揺れで机上・本箱上の物が少し崩れた。

2016年5月22～24日(瑞牆山-金峰山-甲武信岳)：(車)22日つくば2:30発、東京－須玉で瑞牆山荘駐車場に着いた。登り始めて少しで林道に出てしまい大回りして時間がかかったが富士見平小屋に着いた。途中急な崖・絶壁や天を突く塔状岩山を見た。白シャクナゲが綺麗だった。瑞牆山(2230m、名72)には富士見平から上り2時間10分、下り1時間40分で少し速かった。岩山(岩舞台)の頂上は360度展望の絶壁で10余人いた。景色は抜群だった。急ぎ富士見平に下ると10:00頃だった。大日岩に向けてゆっくり登った。3時間40分コースが4時間50分できつかった。尖った砂払ノ頭を通り、千代ノ吹上からトラバースして金峰山小屋に14:50に着き、直ぐ金峰山を目指したが、瑞牆山に登った後なので、さすがにきつく喘ぎ喘ぎ何度も休み登った。頂上まで低木があり安心してか20分が35分かかった。金峰山(2599m、名73)に15:30頃着、1人いて写真を撮ってもらった。この付近では最高峰である。遠方がよく見晴らせた。少し南に下って尖ったシンボルの五丈岩に行き、また頂上を越えてから小屋に16:00頃戻った。約10人泊でワインが出たが飲まず、焼鶏肉にはカレーをかけず、お茶を沢山飲んだ。水有料、尿便紙別々。明日の行き先は甲武信岳と言うと訝っていたので車で移動と伝えた。23日3:40発、富士見平小屋まで2時間30分、瑞牆山荘には30分で着いた。3時間20分が3時間だった。直ぐ車

で出発、ナビは入らず小売店と農道脇で聞き、森林公園の砂利道で引き返して聞いた。森林公園の奥で5km損した。7:30頃毛木平P(1462m)に着き用意して7:50発ったが無意識に焦った。時限は10時で時間はあるはずだが！西沢を通って大山祇神社を確認した。山ガール2人と抜き抜かれだった。滑滝を見て6km程歩いた。信濃川源流を知らず千曲川信濃川水原地標(源流)に着いた。水が木の下から出ており芯から味わい歯を磨いた。13時に甲武信岳(2475m、名74)に着き、写真を撮り例の山ガールと話し、コースタイム半分で登る猛烈山男とも話し、八ヶ岳・金峰山・瑞牆山も教えてもらい長く眺めた。破風山は遠方に見えた。甲武信岳小屋には13:30に着いた。コースタイム5時間10分が20分超えだった。きつかったが弁当を食べるなどゆっくりした割には大差なかった。入室14時からとの事で、先に木賊山(2469m)に登った。途中、甲武信岳がくっきり見えた。山ガールが来ていた。木賊山頂では見晴らせなかった。15:30に小屋に帰り一番に入り紅茶を3杯飲んだ。夕食はカレーで、少し食べた。夕食後ビデオ(山梨TV、花と東沢・滑沢)を見て険しい谷川に感動した。トイレは水洗で紙は箱入れだ。22日は右側、23日は左側の人が凄い鼾だった。まあ少し寝られて体休めれば良いかと悟った。24日朝ストーブに当たり5時半発、甲武信岳よりも高い三宝山(2483m)と石灰岩の武信白岩山(2288m)を通った。大山(2225m)と十文字峠(1965m)のピンクのアズマシャクナゲと白のハクサンシャクナゲが満開で最高に綺麗だった。10時半毛木平に下山した。5時間45分が5時間で速かった。高速佐久から入り大泉－三郷で17時半帰着した。

5月30～31日(草津(本)白根山-浅間山(黒斑山))：(車)30日つくば4:50発、伊香保も雨、コンビニで休憩し、草津温泉を通り9:30白根火山ロープウェイ着で天気待ちした。11:00山頂駅発、草津白根山(本白根山2150m、名75)の最高点(2171m)と三角点(2165m)は立入禁止で山道の最高点(2150m)まで登った(2018年1月23日噴火)。コマクサの蕾を沢山見た。鏡池に下りたが霧で何も見えず。無料バスで1人弓池に行ったが池は見えず、1979年に登った白根火山・湯釜の方も通行止めだった。ロープウェイで14時に降りて車で白根火山の方に行くが降車禁止・濃霧で仕方なく山を下りた。急な坂の

民宿・はなみずき別館(2800円)に着いた。31日3:10発、細い砂利道で心配だったがナビ通りだった。高峰高原Hの方に行き、車坂峠のビジターセンター前で女性2人と話し互いに方向が判った。車の鍵が締まらず、寒い中5時発、雨露で濡れたが中コースでトーミの頭から、入山禁止の浅間山(2568m)の代替となる外輪山の最高峰黒斑山(2404m、名76)に登った。頂上近くの崖の茂みから出てきたカモシカに直近から鼻息でシュンと威嚇された、こちらもシュンと無意識に鼻息が出て大声を上げた。直ぐ逃げたがいきなりで驚き怖かった。逆に以前、山中で子供カモシカが頻りに草を食べていて、坂上から見ると丁度目が合った途端、もぐもぐ食べる口を止めてカムフラージュか、長く静止した仕草に苦笑した事を思い出した。蛇骨岳(2366m)－仙人岳(2319m)－鋸岳(2253m)の赤い岸壁からJバンドに下り唐松が少しある賽の河原を歩き入山禁止の柵を丁度来た人と確認して、急なトーミの頭に草すべりを登り返した後、赤ゾレの頭(槍ヶ鞘)に寄って表コースで車坂山を通って車坂峠に11時半に下山した。途中、火山避難壕に入ってみた。朝来た細道に繋がるチェリーパークラインから高速小諸－宇都宮－真岡で16時半に帰着した。

　2016年6月3～5日(**苗場山**-**魚沼駒ヶ岳**-**巻機山**)：(車)3日つくば0:30発、高速谷田部－三郷－湯沢4時過ぎ工事通行止で迂回し、道を同じ老婆に2回聞いて入るが、長い相当の悪路で道案内なしだった。5:40苗場第2リフトP発、和田小屋6:00、下・中・上の芝を越えて登ると霜・氷があった。神楽ヶ峰(2030m)以上ではシラビソの樹氷が長さ5cm余りで凄く吃驚した。前日は低温で風も強かったらしい。苗場山(2145m、名77)の頂上は雪が残り平らな場所だった。樹氷は太陽光に輝きばらばらと落ちていた。南西に自然体験交流センターと伊米神社の碑があった。池塘・湿原草地と残雪があり景色は良かった。シラネアオイ・イタドリ・ダケカンバの新芽等が凍霜害を受けていた。14時Pに下り、名月荘に移動して泊まり、翌日は巻機山から駒ヶ岳に急変更した。4日2:00発、湯沢石打－小出で高速を出た。352号線通行止だが枝折峠までは行けると判断し約25km深山の細道を走り3:30着。車鍵不閉で3:40発、明神峠の明神堂から小倉山(1378m)横を通り(百草ノ池見えず)、前駒を経て何回か

雪道を歩いて駒の小屋に着いた。アイゼンを装着して相当の積雪の中を魚沼駒ヶ岳(越後駒ヶ岳2003m、名78)(口絵写真1)に登った、数人いた。景色は最高で中ノ岳・八海山が近くに見え印象に残った。大きい登下降が5～6回、計10回程と多く嫌になった。12:30下山で9時間30分が8時間50分で速かった。左右ェ門旅館に行き泊まった。5日3:00発、桜坂Pから登山口4:15発、井戸尾根の樅純林は密に生え揃い美しかった。東洋のマチュピチュの天狗岩は峻険だった。巻機山の9合目はニセ巻機山・前巻機(1861m)だ。小屋に一度下って御機屋(1930m)に登り巻機山(本峰1967m、名79)に12:30着いた。頂上は草地で入れず手前に石と株があったが名もなく落胆した。雪は谷間にあった。牛ヶ岳(1962m)の奥に農工大生遭難碑がひっそりと置かれていた。来た道を下り12:35下山した。上り5時間5分、下り3時間15分でコース時間通りだった。3山は頂上が丸く山らしくなかった。高速湯沢石打で18:25帰着した。

2016年6月15日(早池峰):TXつくば5:06発、上野(新幹線)6:38-8:45盛岡着、レンタカーで細い道(2回目)を走り早池峰神社を通り河原坊11:10着発、西側コースは土砂崩れで通行止のため計画が狂った。霧雨の中、小田越まで車道を急ぎ歩いた。11:45発で早池峰往復である。五合目御金蔵を通り2本の鉄梯子を越え賽ノ河原－御田植場を経て14:10早池峰(早池峰山1917m、名80)に着いた。残雪があった。岩が多く頂上が判り辛く、三角点と早池峰奥院の写真を撮った。花は10種程でオダマキ・シオガマ(赤)・ダイコンソウ類(黄)が綺麗だったがハヤチネウスユキソウの花はなかった。熊除けのドラムを鳴らして16時半頃河原坊に降りたが20台程の車はなく最後だった。盛岡で車を返し、新幹線の日帰りで、東京より22:30帰着した。

6月18～20日(平ヶ岳-会津駒ヶ岳):(車)18日つくば春日交流センターの日中交流会で故郷西条を講演して11:30発、宇都宮－今市から352号線途中でナビが案内したのは長期規制の細い山道で通行不可だった。落石・泥濘があり、とても越せなく2/3の所で10回程切り返して反転し下った。40分損した。銀山平温泉は檜枝岐からでも80kmあった。銀山平の民宿樹湖里に19:02に着いた。煌々と照らす十三夜月が見えた。19日予約車9人4:00発、中ノ岐コース

終点に5:20着いた。天気良く一度川を渡り急坂を登ったら高原的で上り3時間30分、下り2時間30分だった。玉子岩に上がり写真を撮った。8:40 平ヶ岳(2141m、名81)に着いたが平で少し雪があり頂上が判り辛かった。9:30池ノ岳(2080m)・姫池に行った。高山で寒いのにカエルが鳴き驚いた。高層湿原は池塘が多く広かった。11:50単独なので一番に降りた。12:40頃発で14:00銀山平に着いた(支払9300円)。檜枝岐温泉民宿への電話は苦労し8ヶ所目に通じて予約した。14:20発、雨中を走り檜枝岐民宿開山に16:30に着いた。直ぐ滝沢登山口を下見に行き、温泉に入り夕食をたっぷり食べた。天ぷら・そば・栃餅・水団等で多くて食べられず朝食にも回せた。泊1人だった。温泉は近いが車で行ったら、車の鍵が締まらず。TV真田丸・キラーストレスを見た。20日2時半にかなりの雨で心配した。1時間遅らせて4:20発、4:40駒ヶ岳登山口奥の滝沢Pに駐車し歩行は1時間短縮でき一番に出発した。雨で濡れておりズボン雨具は適切だった。天気回復し下方には雲海が見えた。谷筋を越える滝雲が下方から見え感激した。森林に檜・水楢の巨木があった。上り3時間20分、下り2時間20分だった。駒ノ小屋前の駒ノ池と池塘の湿地帯は美しかった。会津駒ヶ岳(2133m、名82)で自撮した。雪がかなりあった。一時太陽が見えていたが霧と風が出て寒くなり、身体が冷え手袋をしても寒かった。中門岳は行かず頂上付近を一周して降り、檜枝岐11:00着は速かった。352号線から塩原回りとしたが、遠い道だった。ナビは高速を案内せず4号線で渋滞し右々に回された。栃木県内の雷雨で混沌とした上下動の対流雲を見た。17時半帰宅した。

2016年6月22〜23日(月山-朝日岳)：22日TXつくば5:06発、上野(新幹線)7:18-10:05山形着、レンタカー10時半発、11時半姥沢Pの登山口から月山ペアリフト駅まで徒歩15分、リフト10分で12時に登り始めた。最終リフト16:30で4時間30分しかなく平常時でも4時間なので時間的に焦った。雪渓が多くアイゼンを着けた。途中常に下る道を確認しながら登った。人は少なかった。牛首(1695m)で尾根に出て月山(1984m、名83)は14時頃着いた。純白の雪に被われた頂上からの眺望は新鮮だった。上り下り共に最終だったようだ。寄り道はしなく時間に追わ

れてきつかった。1時間早い15:30のリフトに乗れた。3時間30分でよく登れたと思う。明日は朝日連峰の主峰朝日岳に登るので急ぎ下山して古寺(こでら)に移動した。ナビが入り古寺鉱泉・朝陽館Pに17:40に着いた。沢沿いに数分の距離で、一度サングラスを取りに帰った。夕食はイワナ等々沢山あり天ぷら等かなり残した。23日3:25発、登り6時間で頂上9:30着、下山13時半着だった。コースタイム9時間45分が急いで10時間だった。森林はヒメコマツ・キタゴヨウ・ブナの巨木があり、奇妙な合体木(絡んだ木)を見た。古寺山(1501m)で写真を撮り、やがて雨になった。小朝日岳(1647m)を越え雪渓が4ヶ所程あった。上方で懐かしい可憐なピンクのヒメサユリを雨中で見た。頂上近くでピーと鳴る熊除け笛に驚いた。笛主はこの日遭った唯一の人で、雪渓はコンパスで方向を決めて越えると話していた。コンパスを持たないので心配した。大朝日小屋に喘ぎ着いて休み、残り弁当を食べ200円休憩賃を残した。かなり雨は降っており汗で身体が濡れ冷えてきていた。小屋から15分で朝日岳(大朝日岳1871m、名84)に着いた。頂上は尖っていたようだが、よくは見えず霧・雨の中で写真を撮った。雨でカメラが心配だった。下りは迂回路に回ったら上下道が多く、時間がかかり却って遠く間違かと心配した。雪渓では急坂になり、一度引き返して下った。ずぶ濡れ状態になり財布まで濡れた。休むと身体が冷えるのでほとんど休まずだが、一度休憩時に「うとっと」すると目が冴えた。無我夢中、低体温症に成り兼ねなかった。相当大きい生え揃った原生橅林から混交巨木林内を下ってやっと朝陽館に着き荷物を受け取り、車中で下着を全て着替えた。濡れて苦難の登山だった。帰路の車で眠くなり、1時間程寝てしまい16時になった。急ぎ山形に帰り車を返した。早く新幹線に乗れて山形17:05-19:50東京で21時頃帰着した。

6月26～27日(焼岳)：(車)26日つくば4時発、東京を通り石川P他2回休憩して松本から8:40中の湯温泉旅館に着き予約した。歩くと15分かかるので車で自由Pに移動した。最後2台であった。雨は止んだが樹雨は結構降った。9時発、途中泥濘あり、切株状の丸木の足場が水に浮いた所、水が溜まった所、谷川状の所もあった。焼岳の絶壁が見えた。子供2人が先々と登っていたが父親が

遅く最後には抜いた。12:10 焼岳(北峰2444m、名85)に着いた。直ぐ横で火山の蒸気がシューと不気味な音を立てていた。頂上では霧で風が強かったが、少し食べた。**南峰**(2445m)は見えず、かつ通行止だった。頂上はガスっていたが、下る前に上高地が瞬間的に見えて良かった。下山中は頂上部の火山崖がよく見え峻立していた。コースタイムの上り3時間10分は時間通りだったが、下り2時間10分は3時間以上かかった。下りでは水の着いた泥濘は幾分減ったが全く泥んこだった。帰りに3回も滑った。1度は躓き、笹に捉まったが1回転してしまった。コメツガの大木があった。ブユが沢山いて五月蝿かった。16時受付で待たされ不愉快だった。泊なしでも帰れたが登りでPがないと困るため泊まった(朝食なし1万円)。夕食は10品あり茹でた雪笹が出て癖のない初味だった。鴨鍋など沢山食べた。温泉は良かった。TVダーウィン、真田丸、諏訪御柱を見た。夜は星が綺麗だった。27日4:10発、松本まで車は少なかった。高速では大型トラックが急に割り込み急ブレーキを踏み、料金所後でも危なかった。更埴－三好－三郷で、つくばの畑に寄り12:40帰着した。

2016年7月4日～5日(**鳥海山**)：4日バスつくば4:47発、羽田ANA6:50-7:50庄内、レンタカーで8:30発、10時鉾立(象潟口)より霧中を登り始めた。展望台でも見えず、森林帯から1時間15分で賽ノ河原に出た。速かった。御浜小屋まで快調で夫婦と抜き抜かれだったが彼らは帰った。植生はそれなりにあり、何種か花もあった。鳥海湖が見えた。2時間20分で千蛇谷のかなり急な広い雪渓を2回越え14:30山頂御室小屋に着いた。4時間半かかった。荷物を置いて頂上に登った。急な大石の山で割れ目を抜け、異様な恐ろしい岩場・新山ドームの**鳥海山**(新山2236m、名86)(**口絵写真2**)に15:30着いた。コースタイム5時間25分が5時間30分で速かった。狭い頂上にいた人(高齢と思ったら63歳)に写真を撮ってもらった。急な雪渓を彼が先に降りた。アイゼンを付けた。雪渓から岩に取り付きほっとした。翌日の七高山の登り道を下見して16時過ぎに小屋に戻った。夕食17:30で2人のみだった。夕食は硬いご飯とゼンマイ・コンニャクは食べたがゴボウ・大根は硬くて残した。鯖煮少しと小さい味噌汁・茶は1杯のみで粗末で小食の身にも少なかった。遅れて夫婦が来て

4人だ。夜寒くて次々服を増やしたが指定された床で外気も入り大変寒かった。上の床に移れば良かったが毛布の移動が大変で我慢した。湿った毛布5枚を着て下に2枚敷いた。夜中に毛布も少し乾燥したか、かつ自分の食料を食べて幾分暖かくなり少し寝られた。5日3:50起きて歯磨もできず、少し食べて4:30発、七高山方面に登るが急雪渓で登れず2割の所で引き返した。朝は雪渓が氷状になり滑るので下側の緩い雪渓を登った。30分かかり何とか越えて分岐点で荷物を置き、三角点のある七高山(2229m)にカメラのみを持って行くが、動物・人が心配だった。鳥海山頂に例の夫婦が見えた。天気は良好で巻雲があり下方に雲海があった。外輪山の行者岳(2159m)－伏拝岳(2130m)－文殊岳(2005m)を誰にも遭わず下り七五三掛で登道に合流した。御田ケ原－八丁坂は登りだった。広い火口の鳥海湖を繁く眺めた。下り5時間35分を4時間45分で、9:15鉾立に下山した頃は雲が湧き立っていた。少し車で寝て十六羅漢(海岸の岩の仏像25体程)を見て11時に車を返し、早い便の庄内12:50に乗れたがアイゼンは別荷とされ、羽田で荷物待ちして16:15帰着した。

きつかったが充実した2日間だった。

2016年7月10～12日(飯豊山)：(車)10日つくば8:50発、桜土浦－いわき－会津若松で出て13時喜多方に着き喜多方シティHに入り、市内公園に行くと湧水の池に棘魚のイトヨが沢山いた。TV真田丸を見た。11日3:40発、川入－御沢キャンプP4:50発、分岐点を教えてくれた。何とか天気は良く薄日も射した。侵食した粘土の壁状の暗い急坂の十五里から横峰を通り鎖のある険しい剣ヶ峰を越えて三国岳(1644m)に着くと登った人から飯豊本山小屋は夕食も出て飯豊山切合小屋はキャンセル可能と聞いた。種蒔山(1791m)を通り、切合小屋で11時にキャンセルしたが8時間コースが6時間だった。本山小屋に着き荷物を下ろし、頂上が緩やかな①飯豊山(飯豊本山2105m、名87)に15分で登った。新潟・山形・福島県境で頂上は福島県にある。頂上近くでパラパラと来たが本降りにならず、本山小屋は登降で11時間が9時間半だった。上級者向きの割には時間が甘かった。6人泊まった。管理人から色々面白い話を聞いた。夕食は1人だけで即席中華ライスだった。初使用の寝袋を開け100円で下敷マットを借りた。服を着替えた。ト

イレ(100円)は外で何回か行った。久し振りに星影が綺麗だった。飯豊山系の本山であり大日岳は1日かかるため止めたが、後ろ髪を引かれる気がして、結局後日再来した。12日4:40発、種蒔山－三国岳の途中、登頂した気分良さで桃源郷のお花畑かササユリ、クロユリ、シオガマ、キスゲ等の清純な美しさを楽しんだ。帰りは鎖の所で1人に抜かれた。大日岳、御西岳、蔵王山が綺麗だった。下方で足が痛くなりゆっくり歩いた。大葉クロモジがあった。飯豊山は、会津の人は雪化粧した山容が飯を豊かに盛った様子に見える事で全体を指し、新潟の人は山の形を指すとかである。快調に下り峰秀水2リットル入れて帰った。12時に御沢登山口－川入に下山した。喜多方－高速会津坂下で入り18:10帰宅した。

7月15～17日(後方羊蹄山-十勝岳)：15日朝になって長野・新潟は天気が悪いので急に北海道に変えた。直ぐ当日のJAL、洞爺湖北海H、レンタカーを予約した。16日宿がなければ車中泊にする。10時に決めて12時に家を出た。15日TXつくば12:25発、羽田14:30、ザックの掛布で時計が狂う心配した。座席未指定で水・ペン・アイゼンが別荷になり苦労した。少し遅れて新千歳16:05着。レンタカー16:30ビッツ新車で17:05に発った。室蘭－洞爺湖は19:30着でまだ明るかった。20時に洞爺湖祭で花火が上がり船を電灯で飾っていた。22時に寝た。16日2:30発、ナビは順調だったが途中の橋工事で通行止、2回行き来して京極の方へ大回りした。放射霧で羊蹄山が見えなくなり、方向不明で苦労したが北回りのナビで半月湖野営場に4:30着いた。4:40発、上り5時間10分、下り4時間10分は予定通りで成層火山を実感した。比羅夫(倶知安)コースでは北山(1844m)などのピークが幾つかあった。後方羊蹄山(羊蹄山・蝦夷富士1898m、名88)のピストンだ。頂上から洞爺湖が眼下に見え写真を撮った。少し霧が出て来た。足に負担がかからないよう慎重・着実に下りた。十勝岳への移動が気になり、急ぎ14時に下山した。半月湖公園に行ったが見ず。倶知安－赤井川－(牛乳100円は最高の味、トイレ休憩)－小樽(曇りでサングラス外し)－札幌(晴れてグラス設定)、滝川方面でなく、ナビは深川－旭川を案内した。距離的に大回りだが旭川から南の富良野に走り、夕暮れで白金温泉に向けて走った。望岳

台(930m)の道は売店で聞けて近いと思ったら相当の距離で歩行可能な距離なのに遠かった。まだ少し明るい内に煙の噴く十勝岳と美瑛岳を見た。新施設建設中だ。駐車場に入る前に離れた所に停車中の人に聞くと売店もトイレもなく明日は道路横も満杯になると言う。食料・水を白金温泉の売店に買いに行くともう閉まり、自動販売機で水を3本買った。引き返して望岳台で車中泊、レンタカーでは初経験だった。弁当は21時頃食べて寝袋上で22時に寝たがトイレ行きで冷え寝袋に入った。17日3:40発、登山カードを一番に書いた。車中泊は30台位で新たに来る車もあった。山は緩い坂から急になり火山の悪路で最後は火山岩の急斜面だった。何人かに抜かれ7:05 十勝岳(2077m、名89)に着き写真を撮った。雪はなかった。望岳台から上り3時間25分、下り2時間10分だがゆっくり歩いた。昭和火口など幾つかの火口と西に2つ噴煙(大正火口)を見た。高地では火山ガスが臭く、帰りは風向が変わっていた。天候が悪くなり小雨が数回あったが本降りにならず早く降りて助かった。十勝岳避難小屋に軽装で来ていた若者に係員が注意していた。望岳台下山は11時頃、白金温泉に向けて走った。白金温泉の先で何かの催しでPに入れなく道路が渋滞していた。何とか越えて富良野方面に行った。富良野のラベンダー園で渋滞したが抜けられた。ガソリンを入れてコンビニで弁当を買って占冠方面に行くと空いた。少し寝て高速占冠で入ったがPは50km先でトンネルばかりで休めず疲れた。トヨタに電話して5時までに着けば安くなると言う。16時に空港店に着いた。ガソリン入れで5km走り返却したら5000円も安かった。雨中を新千歳に移動し17:25便になりラウンジで休憩した。羽田バス19:35、家に21時に着いた。北海道から信じられない程速かった。一度寝たら2時になり風呂に入り寝直した。北海道の山旅は急変したが2山達成で満足した。

2016年7月20〜22日(五竜岳-唐松岳):20日つくば18:30ジオパーク集会に出てTX20:20発、新宿バスタ23:05発、21日5:30白馬五竜バス停着で35分車道を歩き1時間外で待った。エスカルプラザとおみ駅7:30発の白馬五竜ゴンドラテレキャビンでアルプス平に着き、高山植物園内の展望リフトで地蔵ノ頭(1673m)登山口に8:00着発で、小(2007m)・中(2037m)・大(2106m)・西(2268m)

遠見山を経て快調に登り、幾つかの鎖・岩場を首尾良く越えて13:30に待望の白岳(2541m)・五竜山荘に着いた。登山中、道脇に雪は少しあった。高山植物を見ながら森林限界を超えハイマツが多くなった。コースタイム5時間5分を5時間30分だった。荷物を少し残して五竜岳(2814m57位、名90高69)(**口絵写真3**)へ登った。足場は植生が少ない岩砂漠の岩場のようで、特に頂上付近は足のすくむ程の岩稜だった。1時間40分のコースを2時間で15:45に山荘に帰った。途中岩場は数人で少なかった。薄日が時々射したが霧で曇天だった。夕方頂上が一時的に見え貴重な眺望だった(**口絵写真3**)。部屋は最奥の五竜で夜は時々雲があったが月が見えた。夕食はカレーで下痢をするので控えめにした。22日御来光を見て朝食5時(味噌汁2杯)、五竜山荘5:25発、順調に歩き2時間30分で8時に唐松岳頂上山荘に着き、唐松岳(2696m92位、高70)は上り20分、下り10分だった。景色は絶好だった。唐松岳では道沿いに雪はないが離れた場所で少し雪を食べた。小屋付近は30人程の高校生が出発で集合していた。写真を撮って9時には下り始めた。人の列を次々越えて下っ

た。大唐松沢に扇雪渓があり下方から見上げた。やがて八方池(神秘の池2060m)に来たが池に反射する期待の山陵は雲で見えず残念だった。八方山ケルン(1974m)を通って八方尾根を下ったが、雲があるとは言え景色は抜群だった。登山客が多数で驚く程の2組120人、100人のグループだった。リフトを2回乗り換え、兎平ではゴンドラアダムで下った。見晴しが良かった。下りてから森閑とした霜降宮諏訪神社の石段横に立つ巨杉(10m、41m、1000年)を思いがけず見られた。歩いて12:40白馬八方バスタに着いた。バス13:40-15:00、長野(新幹線)15:20-16:52東京で、18:20に帰った。百名山90、百高山70踏破の切りの良い山となった。

7月25〜27日(利尻岳):25日TXつくば6:30発、羽田ANA10:15-11:45新千歳13:30-14:20利尻着、利尻山の南側は晴天でよく見えたが北側は雲で見えず、雲(霧)の下に潜り込むように着陸したが、印象的だった。送迎1人のみで利尻山荘・花しり15時着。高山植物展示園へ行き北の植物を鑑賞して夕方海岸を散歩。波は静かでツボを拾った。夜に利尻岳が見えた。26日4:30発、朝弁当、車で送ってもらい利尻北麓野

営場4:40発、ポン山分岐で最北の甘露水を飲んだら美味だった。8合目の長官山(1218m)まではきつく、やや遅れ気味だった。尾根筋に出てから急坂があった。山道に雪はないが万年雪があるとの事だった。頂上近くは荒れて急だったがかなり修復されており問題なかった。5時間を5時間半かかって10:10待望の最高緯度の利尻岳(利尻山、北峰1719m、名91)・北峰神社(口絵写真4)に着いた。南峰(1721m)が近くに見え、道はあったが入山禁止で断念した。山頂神社が利尻山だった。頂上手前に5cm程のギャップがあり大雨で頂上部がずれたそうだ。岩場には高山植物が咲き南西側に鋭い尖峰・ローソク岩があった。距離も程々で見栄えのする岩山で珍しく何枚も写真を撮った。10:40下り始めた。足を痛めないよう、ゆっくり下りたがガレ場で2回、小石で1回転んだ。擦り傷程度で何とかなった。15:10着で4時間30分かかった。コースタイム9時間が10時間30分だった。山は天気良く一時快晴だったが次第に霧が出て帰りは概ね霧だった。送迎2人で車は既に来ていて15:30民宿夕陽館だった。夕方海岸で昆布が拾えて驚いた。27日6時起き、宿は2日共暑く夜は少し涼しかった。8:30発、鴛泊港まで6人送ってくれた。バス3時間半のコースで時計回りだった。姫沼とオタトマリ沼とも歩いて一周した。雨で湖面の反射景色は見えないが、バスから山の8合目まで見え、北峰中央部の谷間に万年雪が見えた。望遠鏡で見たら崩れた所と森林の緑色が際だっていた。利尻島郷土資料館を見た。開拓の行事や海を渡って来た大熊の剥製展示を見た(2018年5月30日新たに熊が発見された)。雨中12:30利尻空港に着き弁当を食べ2時間待ち機上の人となった。新千歳も雨だった。羽田から21時頃帰宅した。日程を早め急に切符・宿が予約できてラッキーだった。

7月29〜31日(火打山-妙高山)：(車)29日つくば23:50発、30日三郷ー妙高高原から笹ヶ峰P野営場5:10着、5:30発、人にほとんど抜かれた。木道が長く、天狗の庭の高谷池の眺めは素晴らしかった。急坂を登り火打山(2462m、名92)は11:20着だった。霧で見えないが頂上の写真は撮った。高谷池まで往復した。コースタイム5時間が50分越えだった。直前にパラっと来たが頂上では雨はなく、弁当を食べ始めたら降り出し雨具を着た。途中脱いだら降るチグ

ハグで、その後は雨だった。茶臼山(2171m)越えの黒沢池ヒュッテはきつかったが、頂上からのヒュッテの眺めは格別だった。コースタイム7時間15分が8時間50分で14:20着だった。受付は外人だった。夕食18時シチューとコーンスープは美味だったが佃煮のワカサギの骨が口内の上側に当たり痛かった。黒沢池の大きい池塘のある湿地がよく見えたが、さすがにきつかった。31日星が煌めき快晴になった。朝食は珍しくナン、ジャム、スープ、コーヒーだった。5:10発、大倉乗越から妙高山を眺め火打山も写真を撮った。山に掛かると雲が出てきたが妙高山(北峰2446m・南峰2454m、名93)頂上は良かった。2時間30分コースが3時間だった。北峰から登って南峰・妙高大神に着き両峰の写真を撮った。大倉乗越を越えて黒沢ヒュッテに下り、湿原の花を見て広い草原の長い木道を歩いて沢を渡り林内に入った。高谷池・黒沢分岐の下方で大粒の雨が降った。林内で濡れは少々だったが雨が長く、その後も時々降った。黒沢出合で黒沢を渡り橅原生林内の木道を通って笹ヶ峰Pに14:10に着いたら晴れた。コースタイム6時間45分が雨などで8時間40分だった。小諸付近の高速で無謀な軽四が急に割り込んで来た直後、緊急停車で急ブレーキ、本当に当たるかと思った。よく止まった。危険で体が震えた。三郷回りで22:20帰宅した。

2016年8月3〜5日(幌尻岳)：3日バスつくば4:47発、羽田1便早いANA6:20-7:50新千歳。荷物が出ず20分待った。レンタカーのナビが入らず時間がかかり9:00発。それでも30分早かった(1便差)。ナビに入れた日高新冠の岩清水広島郵便局(にいかっぷ)に向かい、かなり飛ばした。海霧が出ており晴れベースだった。丁度町道の折れる所で人に聴けて良かった。直進して2時間でイドンナップ山荘(ハチかと思って車移動、アブだった)に駐車して13:10発、300m先の新冠北電ゲートを入り3km先のいこい橋で厳めしく凄いゲート内に先にザックを入れて潜り込んだ。途中下る東京の人がペットボトルの水が欲しいと言う。咄嗟に流れ落ちる滝の水を飲めば良いと言ったら、飲めるんですかと聞く。当然、無知で驚いた。アブ・ブユが多かった。15、10、5kmと近づいたが最後の2kmで坂も急になり、暗くなっても中々着かず疲れて懸念した。3kmはあったと感じた。上りとだらだら下りなどで難儀した。も

う薄闇で暗くて光が欲しく心細かった。見落としたかと思ったが、やっと三角屋根の小屋を見つけ、ほっとした。丁度6時間で19:10に幌尻山荘に着いた。18.5kmを歩いた。当日、最後の1人として入った。2階が空いていると聞いていたので上がり、直ぐ近くの人の間に入り安堵した。もう寝ている人が多かったが、弁当を食べた。30〜40人いたようだ。板間で暑かった。トイレは夜3回行った。寝袋内は暑く中々汗は乾かず長袖に着替えたら寝られた。4日3時半起き4:10発、しばらくして数人組等20人程に抜かれた。新冠川コースで急な坂だった。大岩の近くまで急で長距離だった。笹を掴み登り、助けとなった。お花畑は急傾斜地だった。徒渉は1回あったが気にならず。丁度5時間で9:10に百名山で最も難峰とされる幌尻岳(2052m、名94)に着き感激した。直ぐ北の七沼の肩の方に行くが雲もあり、道半ば1時間で引き返した。幌尻岳に戻ったら人が少なく写真を2人に頼まれた。帰ろうとしたらガスもあり別の尾根に向かってしまい迷ったので、頂上に引き返したら山慣れした女性がいて聞いたら、少し歩き丁度下から3人登って来る方だと丁寧に教えてくれて助かった。沼

地を見に行った事が失敗だったか、人の写真撮りで方向が狂ったか。本来の道の新冠川コースに入れて安心した。頂上付近は雲が多く余り遠くは見えなかったが良い方だろう。雨が降らなくて良かった。下りも急坂で笹を掴んで降りた。下る人に離されてしまった。お花畑は急で危険だったが多くの花が見られて感嘆した。2組3人に遭った。人が少なくその後は追い抜き追い越されもなかった。森林帯に入って、ゆっくり下りた。頂上10:00発で13:30幌尻山荘に着いた。3時間30分で、きつかった。14時から寝て回復した。16時半にヘリが来て、聞くと滑落死したそうだ。釧路からの4人の1人で年配男性だった。1000m地点だと言う。急なお花畑辺りかと思った。ヘリが何回か来て人がロープで登り下りして慌ただしく連絡を取っていた。夕食は持参のお握りと初めてレトルト食を食べた。歯を磨いて19時に寝た。滑落死や今後の事で種々考えた。正に苦しい94番目の山だった。5日3時起き3:50発、長距離のアップダウンであるが全体的には下りだ。4時間30分かかった。北電ゲートを出て9時頃に下山したら車に2人が聞きに来た。幌尻岳に登ると北海道の山は全部登

れるとか話していた。2時間かかって舗装道に出た。オリックスに電話したら13:30なら安くなると言う。高速などで速く走り間に合ったが100円程で畜生と思った。ガソリンは場内で入れむしろ高かったか。13:20に手続きをして14:00になった。食事は時間なくラウンジで飲み、コンビニで弁当を買って食べた。しかし乗ろうとしたら検査場閉鎖である。女1人が無検査侵入したためで迷惑を被った。これなら車はゆっくり走れば良かったと悔まれた。長く立たされて待ち、15:30過ぎにやっと乗れた。羽田17:30に着いたが、アイゼンの荷物が遅くて出ず、18:00のバスに間に合わず19:35になった。雪はなかったが当然アイゼンは持参したため苦労した。バスは都内も遠回りして走った。時間がかかって21時頃に着いた。両足の人指し指の爪を傷めていた。靴下を1枚増やし窮屈過ぎて失敗したか。この程度で良い方だと思おう。長い3日間だが帰れて芯からリリーフした。

2016年8月9～11日(光岳-上河内岳)：(車)9日つくば0:10発、高速新静岡より27・189号で井川ダム－畑薙第一ダム－沼平ゲート6:00着。ウドンを食べ少し寝て沼平で6:55バスに乗り聖岳口・吊橋で下りた。3人は抜き抜かれだった。横窪沢小屋に着きキャンセルして茶臼小屋にした。若い人に宿泊の伝言頼むと共に、後で携帯電話が繋がり宿泊を頼んだ。7時間40分で14:30へとへとで茶臼小屋に着いた。計画を変えた事と顔・態度を見てか、翌日は往復の予定が光岳泊を勧められた。わざわざ地図を渡され部屋まで来て往復13時間かかると強調して変更させられた。両隣の人は往復が良いとは言っていたが町営小屋指導の安全重視を考慮して応じる事にした。女性受付の先入観が問題だったか。夕食は美味しく食べた。百名山目指す女性の大盛飯のお代わりには吃驚した。夫婦の夫が帰らず危ぶまれたが19時になって帰って来た。往復13時間なら帰るには時間があると話したらその通りだった。消灯20時。10日朝食後5:30発、茶臼岳への登りはゆっくりで楽だった。茶臼岳(2604m)は霧だったが帰りは良く晴れていた。易老岳(2354m)を通り光岳に向かった。小屋近くのセンジガ原の草原と針葉樹の景色は良かった。その辺りで百名山達成した例の50歳程の女性に遭った。おめでとうと言い自分は97番目(後で数えると95番目)と言ったら

丁度来た男性登山者は297番目だと言って驚いた。5時間足らずで10:00過ぎに光岳小屋に着いた。これなら茶臼小屋まで帰れると思い、小屋でキャンセルOKなので急いで光岳(2592m、名95)に上り25分、下り15分で5分宛縮めた。調査ヘリが丁度、光岳頂上に来て風を受けた。後でもヘリを何度も見た。頂上で写真を撮ってもらった。光岩は下方に見え写真を撮った。帰りの方が時間がかかる事を考え懸念材料だと理解はしていた。一方早く帰ってやるとの意地もあり、とにかく急ぎ下った。易老岳辺りは急ぎの正念場できつかったが下り坂なのでかなり速く歩けた。地質調査所の人と出逢ってから直ぐ茶臼岳に着いた。頂上で写真を撮りゆっくり下りた。茶臼小屋には10時間30分で16時に帰った。往路の最初と帰路の茶臼岳付近での緩慢な歩きを考えればもっと速く10時間だったか。昭文社の地図で、実は13時間15分を9時間50分と計算ミスしていた。渡された地図でも13時間だったし、日本百名山－山歩きガイド(JTBパブリッシング)でも13時間(12時間55分)だった。帰ったら女性従業員からお見逸れしましたとお詫びを言われ、男性からは3時に出たのかと

聞かれ、朝食して5:30出発と言った。そんな事なら朝弁で出かければもっと気楽だったと悔やんだが、前後ゆっくり見て歩いたので良かったか。連泊の夕食はサシミではなく肉が出た。朝弁は700円で安かった。11日2:50起きで3:10発、上河内岳に登るべく電灯を点けて毛帽子とヤッケ姿で発った。暗く風が尾根筋に強く寒かった。2時間50分を2時間で上河内岳(2803m63位、高71)に登った。聖岳に行く学生が10人程いた。景色は非常に良かった。きつかったけど登れて高揚した。上河内岳往復は4時間20分程度で茶臼小屋7:30頃着。ゆっくり休み小屋から8:30頃に下り始めた。下りは4時間20分程だった。ヤレヤレ峠で子供連れに遭い本当にやれやれだねと話した。バス停に12:50下りたが適当なバス(13:40)がなくPまで歩いて13:40車に着いた。林内は良いが50分の炎天下の車道は暑かった。沼平ゲートを出て畑薙ダムを渡った後、山道は狭く車はライトを点けて走り、高速新清水で入り清水Pでウドンを食べ駿河湾沼津SAでガソリンを入れた。車メーター66666kmだった。渋滞に遭い海老名Pでまたウドンを食べて休むと暗くなり空いた。都内は6号線頼りに

走り三郷高速口で少し休み、22時帰着した。

2016年8月14～15日(**高妻山-雨飾山**)：(車)14日つくば0:10発、三郷－長野方面の信濃町で出て戸隠キャンプ場Pに6:00着いた。6:10発だが戸隠で登山口が判らず焦った。人が多く何人かに聞いたが聞くだけ野暮だった。キャンプ内だけ詳しく山の道案内が悪い。携帯トイレを渡してくれた人は迷う人が多いなどと嘯いていたが全く改善してなく不親切だ。かつ迷っている間に後から来た登山者がキャンプ客に紛れて先に行った。高妻山は最初沢登りで滑滝・不動滝を見た。沢は短く水を補給しない内に一不動から水はなく、帰りは水を節約する羽目になった。五地蔵山(1998m)－八観音(2053m)を越えて登ると、頂上部が急で長くきつかったがやっと十阿弥陀の先の高妻山(2353m、名96)に着いた。下りは六弥勒(新道)で家族3代組に遭いゆっくり下りた。帰りも牧場に下りたが方向が不明で戸惑った。戸隠Pに下りたのは16:30で、コースタイム8時間25分が10時間30分で甚だしかった。迷い道、休養不足の疲れ、登った後の気楽さ、気力減退等だった。戸隠17時発、雨飾高原キャンプ場のナビは80kmの山道を指した。戸隠神社前を通り、白馬方面への細い道は時間がかかり夕方で心配した。糸魚川街道(白馬－小谷)から東に折れ細い山道に入った。19:30雨飾高原キャンプ場Pの登山口に着いたが、相当暗かった。登山者に聞くと宿舎はなく、新車で初の車中泊となった。トイレ・水場あり、歯を磨いて寝た。15日3時起き3:50発、熊除けの歌と音を出した。夜が明け荒菅沢に着くと雨飾山の稜線と凄い断崖絶壁の尖峰の布団菱が見えた。上部は霧が掛かっていた。こんな塔状の山に登るのかと思ったら便意を催した。その後数人の人が来た。順次急坂を登って行き笹平に着いて安心した。笹原を歩き雨飾山(1963m、名97)に8:00着で、登り3時間20分が4時間近かった。頂上は霧で塔状の峰も見えなかった。笹平から荒菅沢に急坂を下る時、山ガールがストックを持たず両手を挙げて体のバランスを取りながら下りる様子を見て驚いた。長野県警2人に遭った後、雨がパラつき降り出した。ザックのみ雨具を掛けた。森林帯で余り濡れなかったが丁度、雨飾Pの車に着いたら10mm/h以上の強雨となった。10:50着で往復5時間40分が7時間

だった。11:10発、1時間は相当の雨でその後も時々降っていた。糸魚川白馬街道から長野で高速に入る時に譲らないので危険を感じた。大泉まで渋滞したが三郷から21:30に着宅した。百名山97で本州は終わった。

2016年8月18〜21日(塩見岳-蝙蝠岳-烏帽子岳-小河内岳)：18日TXつくば5:06発、新宿から10:30JR伊那市に着くが駅付近には観光地や見る所が全くなかった。15:30まで県事務所と本屋の椅子で寝て身体が冷え、本屋のロビーで横になって寝て時間を潰してエビスHに入った。19日4:40発、伊那市5:13JRに乗り、6:45伊那大島でバス10人程乗った。8:35鳥倉登山口、2回目で三伏峠(2580m)に3時間で着き、本谷山(2658m)も順調で景色が良かった。塩見小屋に3時間20分で15時に着いた。途中4人組(男1女3)に追い越されたが塩見小屋には先に着いた。余り休まない方法で登りほぼ時間通りだった。夕方までかなり雲が出ていたが次第に晴れて、北岳・仙丈岳もよく見えた。夜までに完全に雲は消えた。満月が出て明るく綺麗で、悠然とした紫紺の塩見岳が見えたが風が出て心配した。夕食はカレー、汁と茶はお代わりした。寝床は3人の真

中だった。天井裏の余熱で暑かったが夜はまあ良かった。20日トイレ中に時計が移動して目覚しが鳴り迷惑をかけた。風が強く遅らせて4:10発。荷物はかなり残した。風は尾根が強かった。早朝は太陽も出ていたがやがて霧が出て来た。②塩見岳(西峰3047m－東峰3052m)まで1時間20分、東峰が急だった。東西の頂上で写真を撮った。急な坂を東に進み北俣岳手前の熊ノ平(北荒川岳)・北俣岳分岐点を通り、東の北俣岳(2920m)を越え蝙蝠岳に向けて下った。その分岐からは往復6時間である。頂上直前で雨となったが、8:20蝙蝠岳(2865m40位、高72)に着いた。塩見小屋から4時間50分を4時間10分だった。写真は自撮りした。途中抜いた女性4人が来た。二軒小屋に下ると言う。雨は止むかと思ったらその後ずっと降った。30分戻った所で4人組に遭った。もうかなりの雨で帰りは岩が濡れているので十分気を付けてねと言われた。しかも風もかなり強くなった。崩れかけた斜面の方へ行き少し入った所で思い切って引き返し尾根筋に出てほっとした。5mm/hの雨であるが風で難儀した。2組に遭遇後は誰にも遭わず心細く、最後の登りかと思ったらまだ何回かあっ

た。とにかく熊ノ平分岐点に戻って安心した。塩見岳は西峰を通った。コースタイム9時間35分だが急いだため8時間20分で塩見小屋に12:30着いた。登降は実にきつかった。しかも風雨で常に動いて体温低下を防いだ。晴天であれば三伏峠まで行けるが、ずぶ濡れで止めた。靴は内部が水で溢れていた。ハイマツの水が靴に入った。防水効きでも入っただろう。2階部屋で寝袋に厚手服を着たまま入った。ズボンはかなり乾いたが服は全くだめで、上服を脱いでワイシャツとランニングになり、体温で乾燥させた。靴下を替えようとしたらザックの下から水が入りビニール内も濡れていた。靴下は手で絞って干したが全く乾かなかった。手袋は朝出る時に1つ見失い急遽300円で買ったが木綿は濡れると冷たい。夕食4:30、またカレーだった。ライスのみ食べ、スープと茶はお代わりした。難行苦行を終え翌日の行程を考えた。夜中に雨は止んだ。十六夜月も出て明るく明朝は早く出られそうだ。21日2時起き、3:10発、晴、4:50本谷山付近で明るくなった。3時間10分コースを3時間で歩き三伏小屋手前で水場・お花畑の荒川岳方面に6:10頃入った。沢沿いの道は廃道になっており聞いておいて良かった。烏帽子岳帰りの夫婦に遭い少し話した。烏帽子岳(2726m86位、高73)まで速かった。写真を撮ったら頂上に手袋を忘れた。片方でOK、帰りに回収した。前小河内岳(2784m)と小河内岳(2802m64位、高74)をピストンした。かなりきつかった。避難小屋が灌木の斜面上に遠くから鮮明に見えていた。頂上へ登った。往路・復路共2時間20分がほぼ時間通りだった。急ぎ三伏峠まで引き返し11:10(予定10:50)に着き、全体時間で余裕が出た。残り2時間なので、ゆっくり下りた。ルンゼ(岸壁に食い込む急な岩溝)とコル(稜線のピーク間の低地)を越えた。6.5合目に仏の清水があり、ほっとして沢山飲みボトルを満たした。足が痛くなりゆっくり下りた。13:50鳥倉に下山した。今回の山行はきつく心配したが予想外の快心の3山で達成感があり満足した。バス14:25で10余人いた。15:25JR大島着16:25発、車中で予備食を食べ横になり寝た。岡谷18:31着18:51発、カツ丼弁当買えて良かったが席なし。女性が親切に席を立ってくれ弁当を食べ席を返した。その後も一度代わり感謝した。新宿21:06着、東京22:00に乗り23時帰着した。当年は天候不

順で計画が立て辛かった(オリンピック閉幕、メダル12、8、21個)。

8月24～27日(祖父岳-水晶岳-赤牛岳-野口五郎岳-三ツ岳)：24日TXつくば5:06発、上野(新幹線)6:22-8:26富山着だが、バス第1便8月15日終了で、古く閑散とした有峰口のベンチで2時間半寝て暑さを凌ぎ待って12時頃に乗り13:20折立に着いた。5人登ったが抜かれた。富山は晴れていたが夕方小屋に着くまでに何回かパラっと来て雷も鳴った。ザックカバーを着けた。4回目で道は慣れており、疲れていたがそれでも5時間を4時間半で17:45に太郎平小屋に着いた。水自由、トイレ水洗だった。夕食(豚カツ)18時から最後の1人だった。朝弁を受け取ってなく、聞きに行くと枕元に黙って置いてあり気付かなかった。25日2:50起き、3:25発、暗闇でも予定通り歩けた。薬師沢小屋より急登、少し長くかかって木道になった。2回滑った。雲ノ平は雪がなかった。水を汲んで飲んだ。②祖父岳(2825m)を越え岩苔乗越で水場に行かず正解だった。12:25水晶小屋に6番目に早く着き泊まれて良かった。野口五郎岳は花崗岩で白く光り、一方赤牛岳は赤く見え色と形に起因した名称と思った。水晶岳と赤牛岳を併せた写真を撮った(口絵写真5)。天気良く暑かった。水0.5リットル100円で夕食カレー、朝弁だ。女性2人が煩く2階で暑く寝苦しかった。明日の荷物を区分して乾燥室に残した。26日荷物を1階に降ろしお握りを食べ歯を磨いた。3:20発、②水晶岳(黒岳2986m)はOKだが、暗くて第2ピーク(2978m二重山稜)にも登ってしまい、今か今かで赤牛岳取っ付きまで50分が1時間40分かかった。低地に雪が残っていたが暗くて定かでなく帰りに確認できた。途中、茶ボトルを落としたが帰りに偶然回収できた。1/5量だが環境ゴミにしなくて良かった。巨岩(2904m)横を通り、温泉沢ノ頭から赤牛岳(2864m41位、高75)まで幾つものピーク(2818、2742、2803m)を越えて登った。3時間20分をかなり挽回して4時間で7:20着(暗闇と第2山)。晴天で景観は最高だった。赤牛岳の色は鉄分の石と思ったら赤い火山岩だった。水晶小屋に11:30戻った。帰りも3時間20分が4時間10分で、6時間40分が8時間10分だった。種々考えると早い方だった。荷物を受け取り、水1リットル600円(最高)で買って出た。11:40発、急坂を下り、2時間40分を3時間30分だった。長い道

程で朝から12時間かかってへとへとで15:10に②野口五郎岳(2956m28位)の野口五郎小屋に着いた。以前の強風雨でのずぶ濡れを思い出した。途中雨がパラつき上カバー・雨具を着けてかなり歩いた。小屋に入ってほっとした直後に大粒雨がザーと来た。本当にラッキーでその後もかなり降った。今回は雨と疲れで意気が上がらず頂上に登らず。1階4人部屋3人だった。夕食17時で天ぷら・山芋・キャベツ・トマトで良かった。27日4時起き5時食事3人だった。5:40雨中発、順調だった。②三ツ岳(2845m)前方で今回は展望尾根コースにした。西峰頂上を捜した後、180度回る所があり、下りで方向が逆のように感じて迷った。丁度、下方に2人見えたので声をかけ走って聞いた。雨は霧雨になった。烏帽子小屋で聞き下った。狸岩・権田落しの大岩や松の巨木もあった。北アルプス三大急坂である。手袋がないと冷たく片方で通した。登りは20人程だが下る人には遭わず11:40高瀬ダム着だった。コースタイム6時間(ガイド本6時間50分)を6時間だった。濁沢は凄い濁りで滝も濁っていた。大きい石が流されていた。滝は後退している。別の沢も濁り水だった。

高瀬ダム12:15着、タクシー(7600円)は直ぐ乗れて信濃大町12:37、松本13:47(指定1号車へ移動)ー新宿、東京17時に乗れ18:30家に帰って安堵した。

2016年9月1～3日(雌阿寒岳-斜里岳-羅臼岳)：1日バスつくば4:47発、羽田7:10-8:50女満別着、前夜と朝に確認し知床道路が不通なので先に雌阿寒岳に変えた。レンタカー9:30発、雌阿寒温泉に向かい速く走れた。やがて雨となり雌阿寒温泉Pに着いた。オンネトー湖は通行止だった。雨中に用意した。下りて来た人に聞くとかなり降ったそうだ。雨脚が強くなったり日が射したりもした。11:30頃に登り始めた。樹雨が降り雨具は着ていた。雲は次第に少なく天気は回復に向かった。3時間20分の雌阿寒コースとしたが4時間30分かかった。樹林帯からしばらくしてハイマツ帯を抜け、火山地形の中を登った。霧がかかっていたが頂上は見えるようになった。噴気口のシューの音が不気味に聞こえた。火口は絶壁で一部見えたが火山の煙は見えず。雌阿寒岳(阿寒岳1499m、名98)は13:30頃に着き、火口横の頂上に1人いて写真を撮ってもらった。頂上から火口を覗くと白い噴煙

が霧と混ざって反対側に微かに見えた。阿寒富士は行かず直ぐ下ると言うと、もう下りるのかと驚いていた。斜里に行くので急いだ。山を16時頃に下り、100km先の斜里岳に向かった。かなり高速で走れたが眠くもなった。斜里方面は通行止めで、斜里駅付近でナビは観光案内所を指定したので、斜里岳を入れると山道もちゃんと案内してくれた。薄暗くなって清岳荘（せいがく）に着いた。車中泊としたが車に帰って考え2050円で泊れるので変えて助かった。トイレ・水あり良かった。寝袋に座布団2枚敷いて寝た。2日4:15発、暗くても徒渉（渡河）点まで行っておこうと思い、正解だった。一の沢で1人直ぐ来て追い抜かれた。徒渉はできるだけ少なくして斜面の岩・崖にしがみ付いて越えたが、それでも10回は靴を脱いだり履いたりで時間がかかった。40分の所が3倍の2時間かかった。やがて靴のまま歩く人に抜かれた。13回徒渉したと言う。徒渉が終わった所の下二股で追い付き、夫婦（羅臼岳で遭う）が加わり4人になった。ここから新道の尾根コースを取って一番に出た。熊見峠を越え、笹が露でびっしょりでズボン雨具を履いて露払役になった。上二股から増水の谷川

となり、ついに靴のまま歩いた。やがて火山急斜面で夫婦と抜き抜かれになった。馬の背で尾根筋に出た。1m程の石の祠・斜里岳神社があった。斜里岳(1547m、名99)の登頂は夫婦の間だった。頂上に出発後直ぐ抜かれた人がいた。頂上からは霧で余り見えなかった。写真を撮って直ぐ下りた。下山途中、見晴しが良かった。徒渉が速い人は来なかった。下山では急流で片足を踏ん張って水から足を抜く時、強い水圧(素足より靴足の方が水圧大)と重いザックで倒れかかるも岩に捉まる危うさで難を逃れた。上り3時間20分が約6時間、下り2時間30分が約3時間で、5時間50分が何と9時間15分もかかった。13時半頃下山して清岳荘管理人(増子麗子さん)に帰った報告をして、ストックが折れた事を伝えた。余っている物はないですかと聞いたら快く出してくれた。羅臼岳に登るには買う所もないので大変助かった(帰って直ぐ沙漠の写真集を観光協会に送ったら翌年6月に受け取ったとの事、そのお礼の手紙が9月に届き記念手拭いが同封されていた。ありがたい事だ。再度お礼状を出した)。さて、14:00発、ナビにH地の涯（はて）を入れて走った。途中コンビニで弁当を買いガソリンも入れた。農

道沿いを走ったが休む所がなく、やっとバス停で少し休んだ。知床五湖に行ったが入らず、岩尾別・木下小屋に着いた。明るい内の16時で良かった。市川の人と話し、どうして元気なのかと秘訣を聞かれた。温泉と称する湯があったがタオルもなく手足を洗ったのみだった。草ダニが腹に2匹付いていたのを引きちぎった。まだ血は吸ってなく脱衣して助かった。弁当は夜に食べた。持参したブルーベリー・トマトは最高だった。水は山水を入れたが小出しのペットボトルを車に忘れた。3日早朝起きたが寝ないように座布団に座って出発を遅らせて4:10発、登山届を書いたら丁度昨日の夫婦(地の涯泊)が来て、先に歩き熊除けの笛を鳴らしていたが、またもや後先になった。最初は普通の道だったが極楽平付近の樹林帯では台風で傷んだ泥濘の所でストックの先端が抜けてしまい、気付いたのが少し遅く引き返して探したがなかった。羅臼平を越えると頂上付近の溶岩ドームが険しく急で危険だった。羅臼岳(1660m、名100)の頂上は、直前に山ガール4人が下りて2人だった。偶々出逢った人に日本百名山達成記念の紙を持った写真を撮ってもらい頂上にいた2人に祝ってもらった(口絵写真6)。羅臼岳の踏破で真木の百名山も同時に達成したが、その時は気付かなかった。踏破後、直ぐ下りる事にしたが、頂上の大岩でストックの感覚が狂い、サングラスの影響で岩の割れ目に落ちそうで危なかったが何とか耐えられた。気の緩みと元のストックとの感覚差で危険だったが間一髪回避できた。無事帰らねば何の意味もないので、慎重に下山した。羅臼平に外国人のパーティがいた。7時間10分コースが9時間かかった。13:10木下小屋に戻った。下山報告をして使用不可のストックの事を話すと何とか代わりを出してくれた。全く偶然にも2日続けてであり感謝・感激である。折れたストックは回収した。14時発で知床五湖に入った。陸橋の2展望台から見たが感激は小さかった。別に地上コースがあったが止めた。第1湖を上からと遠くから見て終わりとした。カムイワッカの滝は遠くて止めた。世界遺産センターを少し見てトロロ昆布を買った。途中、観光バスの後で速く走れなかった。通行止めがありナビで失敗した。うろうろ2回して、かなり迂回して本来の道に入れた。17時前に1日早く返却したら6500円も安くなった。17:30女満別空港でLACからANAの

エアドゥに無料で変えられて18:30-20:25羽田着。22時に帰宅して妻に百名山達成を言ったら、お祝いを言われ嬉しかった。協力・援助に心より感謝である。

　北海道最後の3山を振り返ると、異常気象の2016年は台風が北海道に連続3個上陸した。接近の前後を加えると5個連続(8月15～31日)で、大雨等で多大な被害が出た。特に最後の10号は異常な経路で東北の岩手県大船渡に史上初上陸し大陸に温帯低気圧で突入した。北海道の広範囲の連続大雨被害直後の9月1日は女満別－知床道路不通で急遽、雌阿寒岳に変更・登頂して清岳荘に移動した。2日斜里岳の一の沢川増水で徒渉13回、山道は谷川に変化、ストックが折れ苦難の連続で斜里岳に登頂した。徒渉で危険だったが何とか岩に捉まった。知床道開通で羅臼岳山麓の木下小屋に泊まった。3日羅臼岳登山では先端の抜けた杖で何とか溶岩ドームに登頂して日本百名山達成記念紙を持ち写真撮影したら達成感が湧いた(**口絵写真6**)。当初予定の羅臼岳－斜里岳－雌阿寒岳を逆にして、かつ1日短縮できて幸運だった。

　9月16日：山の日制定で環境省に道標整備を要望、催促して対応を依頼した。後程、大門沢小屋で遭った人の話から総務省が良かったか。

　9月27日(**那須岳**(**三本槍岳**))：(車、るり子)つくば4時発、7時に那須山麓駅に着いた。8時発のゴンドラで山頂駅に着き、中の大倉尾根を登った。11時に百名山の那須岳(三本槍岳1917m)の最高点に登った。頂上からは360度、那須岳(茶臼岳1915m、朝日岳1896m)等の見晴らしは良かった。弁当を食べて直ぐ下りた。コースタイム4時間を6時間でゆっくり登降した。高山の紅葉はナナカマド、カエデがかなり進んで高評だった。山道には金網が多く敷設されており歩き難かった。山頂駅で老婆と話すとNHKで顔を見たと話していた。14時に下山した。車での帰路で、細道に入り疲れたが18:50に帰った。

　2016年10月27～28日：(車)27日つくば0:05発、三郷－信濃町より戸隠キャンプ場を目指して戸隠神社・奥社入口6:10発。薄暗い森閑とした参道を歩くが大杉並木はよく見えず、樹雨の降る中、6:50奥社から濡れ落葉に覆われた登山道へ入ったが、急な登りで不安だった。何度も止めようと思ったら微かに鈴の音が聞こえ、やがて年配登山者が見え、登る気になり追い着き抜いた。五十・百

間長屋は問題なく百間長屋の直ぐ上で、西方に西岳を見て写真を撮った。峻峰が凄かった。天気予報では回復だったが肝心の険しい深山は霧だった。縦・横の鎖を登り、岩に飛び出た丸い石を足がかりに登った。とにかく濡れた岩場であり怖く危険を感じた。年配者に天狗の露地辺りで抜かれ離された。何回か帰ろうかと思ったが鎖では却って危険と思い前進した。その後直角の鎖の連続で、もう引き返せなくなった。胸突き岩辺りで右腕の筋を痛め引付けで痛かった。しばらく休むと少し治まったので登った。特に蟻の塔渡や剣の刃渡の、かつ鎖なしの濡れた岩場でピーク上のやや平らな斜め岩5mなどの危険箇所が3ヶ所あり恐怖だった。1回は巻き道をしたが下るにも鎖がきつかった。霧で頂上は見えない中である。もう急坂は終ったかと何度も思った。修験道なので、険しいのを残しているのだろう。風も出てきて寒さで筋肉が強ばった。やっとの思いで9:30 八方睨(はっぽうにらみ)(1900m)に着いた。ヤッケを着てキルティングの青ズボンも履き、ほっとした。直ぐ9:40戸隠山(1904m)に着いた。1人で自撮した。戸隠山から2時間で一不動であり、九頭龍山(1883m)の方へ行く途中、電話があったが出なく少し弁当を食べた。ここから下りで2ヶ所に鎖があったが問題なく2時間30分で12:00一不動に着いた。直前に抜かれた人が弁当を食べていて一緒にした。一不動小屋で清掃中の2人に速かったと言われた。後は高妻山の帰路と同じだ。帯岩を見て滑滝で初めて滑った。12:50牧場下に着き14:30駐車場に着いた。全体的には休憩・弁当時間等を含めると速い方だった。奥社から14:30中社で三頭木(8m、40m、800年、パワースポット)とご神木(700年)の巨杉を見て感動した。車道にも1本あり正三角形だ。宝光社には大杉並木があり高い石段を登った。鏡池では紅葉と戸隠山の聳立する岩場が夕陽の池に映え、無風滑面と漣面との絶景で最高に素晴らしかった。1時間見取れ散策して17時発、高速信濃町－三郷から28日1:50に帰着した。無事で安堵したが、戸隠山の濡れた岩上は怖く危険なため、今後は岩山登山を止める事にした。

2016年11月5日：(車)つくば4時半発、TXみどりの5:15発、小田原、レンタカーで8:30発、金時神社から晩秋の金時山(1212m)に登った。9:30-12:30だった。低地は紅葉が残り、雪を被った富士山がよく見え、

鋲を持って写真に収まった。頂上で弁当を食べた。登山者は多かった。下山して三国峠－芦ノ湖－ターンパイクを走った。大観山では風が強く寒く、芦ノ湖は見えたが富士山は見えず。改装後の小田原城で天守閣に上り20:30帰着した。

　11月20日：(車)つくば4:35発、濃霧で見えず引き返しTXみどりの5:15発、池袋－秩父・横瀬でタクシー、登山口8:30着、晴天、森林地帯から急坂では石灰岩が多かった。10:35**武甲山**(1304m)着、頂上より市街がよく見えた。石灰岩の山で露天掘りである。長年で山の形が変わったか。頂上まで汗だくで弁当を食べた後、身体が冷えたが何とか薄着で過ごせた。11時下り始め13時に浦山口に下りた。結構急な斜面があり未舗装車道が長かった。御花畑駅で歩いて移動し秩父駅で乗り換えた。特急13:25-14:44池袋は速かった。17時帰着した。

　2016年12月30日(**筑波山**)：(車)つくば発、つつじヶ丘からロープウェイ(夜間営業最終日)で**筑波山**の夜景を初めて見に行った。関東平野の灯りが広く鮮明に見えて綺麗だった。抽選会は当たらなかった。

　2016年は百名山に集中し5〜9月に30山登り、9月3日に達成後、米国帰国中の娘と那須岳・三本槍岳に登った。単独でない登山は久し振りだった。戸隠山は、霧・急坂で無理かと思ったら同年配の登山者に遭遇し登攀可能と思った。雨上がりの霧・強風下の岩登りは危険で、特に鎖なしの岩場、蟻の塔渡・剣の刃渡は恐怖だった。妙義山は登頂済で危険な岩山は終了とした。富士見の金時山と石灰岩の秩父武甲山に登った。夏秋期の半年間で70山に登り、昨年に近く充実した年だった。百高山は2回目の塩見・祖父・水晶・三ツ岳に、新たに五竜・唐松・上河内・蝙蝠・烏帽子・小河内・赤牛岳の7山が加わり、75山となった。

(15) 百名山達成後・百高山集中年の登山

　2017年1〜12月(九大名誉教授・学術会議連携会員・北大研究員)：

　2017年1月3日：(車)つくば発、9時下貫登山口着、正月登山で県境の茨城・**鶏足山**(431m)と栃木・**焼森山**(423m)に登った。霜柱あり冬の景色を楽しんだ。

　2017年5月2〜5日(**寒風山**)：2日バスつくば4:47発、羽田－松山、今治市図書館で今治拾遺から先祖の

家系調査をした。西条・H青木3泊。3日新居浜で股甥の結婚式に出て祝辞を述べた。4日レンタカーで甥(越智哲氏)の運転で登山口まで行き<u>寒風山</u>(1763m)に登った。山は結構急で、霧と風で寒く、寒風の山だった。実は愛媛大にいた2000年に登ったが、忘れていて登山口に記憶があり思い出した。6:00発9:30下山でコースタイム通りだった。明治屋で談笑した。5日西条の山地・市之川で世界一のアンチモンを産出した廃坑を見学した。伊曽乃・石鎚P・近藤篤山・佐伯記念館・東予郷土館(甲蟹)・河原津・桜井・西山興隆寺・丹原文化会館・桜三里・道前渓谷を見て、松山ー羽田で22:30帰着した。

5月28〜29日：28日バスつくば10:10発、新宿ー小渕沢から農工大植物研究会で<u>八ヶ岳・観音平</u>(1570m)の八ヶ岳高原に行き桜草・碇草・ズミ等を観察してネオオリエンタルリゾート泉郷(いずみごう)に宿泊した(別荘宿で懇親会費込み1万円)。29日車で天女山(1529m)に登り、桜草と九輪草を観察し、美し森(1542m)ー清里高原(1380m)の清泉寮で名物のソフトクリームを食べた。八ヶ岳が間近に眺望でき散策しながら植物観察を楽しんだ。車で16時帰宅した。

2017年6月23〜24日(<u>アサヨ峰</u>)：23日つくば11:00発、目黒・メルパルク環境研講演会に出て、新宿16:00-17:30甲府着、魚民の座敷で登山靴を脱ぎ少し高い夕食をした。24日バス4:35発、広河原ー北沢峠7:40発、登る人に急かされペースが狂った。栗沢山(2714m)までは登山者が結構いたが<u>アサヨ峰</u>(2799m65位、高76)は少なかった。登降が多くきつかった。斜めの石で左足を滑らせたのに右足が痛くなった。直前の右足の引攣が原因か。暫時休み歩き出すと和らいだ。時間的に厳しく広河原への縦走は止めた。栗沢山で結婚式の集合写真を撮らされた。北沢峠の長衛祭でバイオリンを聞き写真展示を見た。2時間潰して16:00発が全員乗せるのに20分、広河原でも30分遅れ、甲府19:42ー新宿で、22:30帰着した。27日病院、老化で弱った時の、転倒打撲の鞭打ち症か首も痛かったが、やがて薄れた。

2017年7月6〜7日(<u>八ヶ岳(権現岳-阿弥陀岳)</u>)：(車)6日つくば2:40発、東京経由で小渕沢ー観音平(1570m)に6時半に着き登り始めた。押手川で編笠山(2524m)行きから別れ4時間半で青年小屋に着き、2時間で13:00に<u>八ヶ岳(権現岳</u>

2715m88位、高77)に着いた。頂上は相当奥で人も何回か道を間違えて時間を取った。9時間20分を9時間50分で16:20観音平に下山し、直ぐ電話して美濃戸山荘(夕食)に何とか予約できた。途中、道の駅で弁当用のお握りを作ってもらった。別荘地の方にまた迷い込んで聞いて、細い悪路を走って南沢・北沢の分岐点で、以前より奥だった。夕食は天ぷらなど沢山で食べきれなくシチュウは朝食にした。7日早朝雨は止み4:40発、行者コース、樹雨で道や岩・地面は濡れて水浸しだ。予定より少し遅れて7時行者小屋に着いた。阿弥陀岳頂上は凄い岩山で小屋からよく見えた。岩は風化して脆く崩れそうで斜面は急で滑り易く心配したが、何とか9時に八ヶ岳(阿弥陀岳2805m62位、高78)に登れた。登り始めて以降、快晴になりガンガン照りで暑かった。急坂で雨がパラついたが本降りにはならず助かった。頂上は霧がかかり周辺の山々は見えなかったが、谷底は一部見えた。80歳老人が登って来て感心した。2日間とも数回滑った。気が緩むとそうなる。とにかく行者小屋まで下りお握り2個食べてほっとした。道は下りのみで滑り易く時間がかかった。12時半過ぎに美濃戸山荘に下山した。山荘に告げたら早かったと言われた。直ぐ車を走らせたが悪路は20分かかった。高速諏訪南で入り圏央八王子よりナビが利かず、狭山Pからは単線が長距離あり、初めてで菖蒲Pを知らず、きつかった。高速つくば中央を出るとガス欠の指示が出た。17時半帰宅した。

2017年7月9～10日(蝶ヶ岳)：(車)9日つくば8時半発、圏央道で順調だったが事故車の通行止めで外に出された。ナビを入れても同じ高速を案内し苦労した。東北道で宇都宮方面に出て岩舟から高崎回りで更埴―安曇野で出た。翌日の下見で蝶ヶ岳口に行こうとして未熟な若者の車に横を擦られた。問題は小さいとして、そのままにした。国営アルプス安曇野公園を少し見て、そば屋は待たされて食べ、Hあづみ野に泊まった。10日3時発、蝶ヶ岳口4:10発、高山植物・花が豊富で鑑賞しながら登った。途中ふらっとして尻餅を着き、丁度窪地に体が入って起きるのに手間取ったが手は擦り剥く程でもなかった。10:00蝶ヶ岳(2677m96位、高79)に着いた。晴天で頂上からは、残雪の多い北アルプスの穂高岳・槍ヶ岳・焼岳等が一望でき、感動的な初絶景で最高だった(口絵写真7・

写真8)。ヒュッテの屋根が真っ赤で雪渓白・ハイマツ緑・岩茶色が対照的だった。途中雪を食べた。麓近くの川は水量が多く滝状の谷川であった。上り5時間、下り3時間20分の8時間20分が9時間30分で13:40の下山だった。高速安曇野－更埴を過ぎて右に出ようとして死角で見えず吃驚して直ぐ戻った。鶴ヶ島－圏央で21時頃帰着した。

7月15～17日(**鋸岳**)：(車)15日つくば8時発、圏央八王子で渋滞したが伊那で出て夕方仙流荘に着き下見に出た。途中幾つか廃墟小屋があり空地に迷い込んだ。戸台川の河原が駐車場で、白岩堰堤近くのは丹渓荘に聞いた。仙流荘は素泊8200円で高い。16日2時半発、3時半戸台より登り始め、徒渉6回(靴着脱)で時間がかかった。徒渉は2回だけでもよく、流れ沿いの徒渉は余分だった。角兵衛沢で6人に遭い道を教わり登り始めた。直ぐ標識を見失なったが、そんなものかと引き返さず道に迷い北東方に林内を歩き彷徨った。その内に熊穴沢に入っていて気付かず。登る途中、雨がパラっと来たが本降りにならず。後で解ったが中ノ川乗越に上り詰め見上げたのは<u>鋸岳</u>(2685m94位、高80、第一高点)の第二高点(2675m)だった。11:30中ノ川乗越から東に急登し第三高点相当の熊穴沢ノ頭(2620m)を越え三ツ頭(2589m)近くまで行ったが、余りに長いので引き返したら中年夫婦に遭い間違が判った。茫然自失程ではないが落胆し再挑戦かと思った。もう時間がないので3人でガレ場を下った。その内に先に下るが2人が来ないので岩の上で少し寝たりして長時間かかり、熊穴沢－赤沢に降り、徒渉6回した。徒渉中に数回雨がパラついた。駐車場に18:50着き19時に戸台の河原を出た。コースタイム11～12時間が徒渉・迷いで15時間半歩き、へとへとで足の左親指の爪が充血していた。最長不倒記録だった。仙流荘に戻り車中で休んだ。21時高速伊那で入り八王子－つくば中央で17日5:00帰着した。苦しい94位の山だった。

7月21～25日(**間ノ岳-農鳥岳-広河内岳**)：21日TXつくば13:25発、新宿－甲府16時半着、H内藤泊。22日バス4:35-6:00広河原、御池小屋の方に道を間違え長くかかり、お池を見た。二俣も間違えたが聞いて移動した。雪渓付近に多数の人がいた。直ぐ雪渓にかかったが、見える範囲だと思ったら凄く長い急雪渓

だった。多くの人が登っていた。斜面には雪渓霧が出ていた。喘ぎ喘ぎ何度も休み登った。急坂で荷物も下ろせない状況だったがやっと少し緩い所で下ろし水を飲んだ。長く怖くきつかった。数人に抜かれ抜きだった。八本歯ノコルを越え農鳥小屋の情報を得ようと14:30公営北岳山荘に立寄って失敗だった。時間と天気が悪くなるので制止され嘆息した。そもそも道を間違えたのが原因だった。やがて雨で雷もあったそうだ。人間万事塞翁が馬と思った。部屋の換気が悪く人熱れで暑く窓を2回開けた。23日4:30朝食、富士山(**口絵写真9**)がよく見え雲も高かった。貫禄のある北岳(**口絵写真10**)が間近に見えた。時間があり、山荘の方が居心地が良いかと思って遅く7時に出たら悪天候で失敗だった。間もなく急激に天気が悪くなり霧が出て雨具を着た。③中白根山(3055m)を越え間ノ岳手前で霧の中、若者4人に付いて行き失敗したが本道に帰れた。強風雨・霧だった。③間ノ岳(3190m)で強風の中、標柱の写真を撮った。10:45農鳥小屋に5人が相次いで着き即席麺を食べ、とにかく寒々とした小屋で時間を潰した。トイレ(汚い)は外で強風の中、何回か行った。24日雨具を着け5時発、強風霧の中5人の先頭を歩いた。やがて女性2人は先に行き男性3人は共に③農鳥岳(西農鳥岳3051m－農鳥岳3026m)に登った。風は少し弱まったが霧で景色はなく無人だった。頂上付近で別々になった。農鳥岳から下り始めて大門沢下降点に早く着いた。広河内岳には十分行けると思った。風霧も少し弱くなり②広河内岳(2895m)に向かうが、霧中の山を頂上と何度か勘違いするも30分で行けた。頂上に着くと、霧で自分がどの方向から来たのか迷い焦った。直後に下方が微かに見え、何と人が見えた。やがて登って来るようで3人が来るのを待って聞いた。何処から来たのかである。それで方角が分かり助かった。神の助けと思った。彼らは遙か二軒小屋まで降りるとの事で直ぐ笹山の方に下った。後を追ったが見る見る内に下り遠ざかった。南側の広河内直下近くで考えた。小屋の親爺から確かに出る時は天気が悪かったので、「笹山へは行くな」が気になり、また天気は急速に回復したが一時的な魔の晴間かと思って躊躇した。深追いで天気が悪化したら危険だと思い、大籠岳(おおこもりだけ)(2767m)・白河内岳・笹山方面の写真は撮れたので、これで神の意向

と思い観念した。さて、当日帰れるかと思い下降点まで急いだ。下山は急げば可能だったが、きつく何度もキャンセルしていたので、大門沢小屋に泊まる事にしてゆっくり時間を潰した。その後天気は安定したが農鳥小屋では天気の情報が得られなかった。せめて大籠岳まで行けば良かったと悔やまれた。小屋では持参の寝袋はマットなしで寝苦しかったが服を敷いて寝られた。25日5:00発、途中水飲みで帽子落とし100m余り引き返して見付け奇跡かと思った。7時過ぎに奈良田第一発電所着（これであれば昨日帰れたか）、2時間待ってバスに乗り広河原で1時間余り待ち、広河原11:00-12:55甲府で13:11に乗り東京から16:50帰着した。山は3回目で北岳山荘に余分に泊まっただけの違いだ。立て続けに2回登頂に失敗した。

2017年8月2〜3日(蓮華岳-針ノ木岳-スバリ岳-赤沢岳)

2日TXつくば5:06発、上野(新幹線)6:22-7:38長野、バスで扇沢10時着は快調だった。針ノ木登山口より登り始め調子よく登れた。大沢小屋を過ぎて白馬・北岳の雪渓に匹敵する長大な雪渓になった。8月にも残るスケールの大きい雪渓を知らなかった。2人の年配者に追い越された。30度近い急坂で長くきつかった。雪渓風とその蒸発霧で寒くヤッケを着ていて良かった。服とズボンには水滴が付くが体は少し汗をかいた。最後は左側に取っ付く事を聞いていて良かった。露岩に移っても急だった。老夫婦を抜いてからも長く嫌になる程の距離でコースタイム5時間を5時間10分で15:10針ノ木小屋に着いた。小屋に少し荷物を置いて直ぐ出発した。15:20発、夕食18:00で必ず時間内に帰って来るように強く言われ急いだ。尾根が幾つかあり次か次かと思った。コマクサを沢山見た。最後のピークでは見える範囲でザックを下ろし、蓮華岳(2799m66位、高81)に登った。コースタイム1時間40分が疲れており休憩・写真撮影で2時間20分の17:40着だった。小屋に戻ったら時間を守ってくれたとお礼を言われた。夕食には鯖が出て美味しかった。3日4:05発、暗かったが白み、東に薄光が見えた。1時間の急坂だった。針ノ木岳(2821m54位、高82)から360度の眺望で昨日の蓮華岳や水晶岳・赤牛岳・雲ノ平・薬師岳・立山連邦・剱岳もよく見え雪が多く絶景だった。雲が少し出て照ったり陰ったりだった。スバリ岳(2752m80位、高

83)(**口絵写真11**)や<u>赤沢岳</u>(2678m95位、高84)からの立山・黒部湖は素晴らしく黒部ダムがよく見えた。赤沢岳と鳴沢岳(2641m)の地下には扇沢－黒四ダムの関西電力トロリーバスが通っている。次の岩小屋沢岳(2630m)付近は相当バテ、歩くのが遅くなったが13時半に種池山荘に着いた。針ノ木小屋から7時間30分が9時間25分だった。それでも扇沢に下りられると思った。種池山荘では水1リットル150円で買い、宿をキャンセルして、3度目の巨檜の下で休憩した。後半で早いバスに間に合いそうなので急いだ。バス通りの最後は道と時間を知っていたため必死に歩いた。疲れていて心臓が張り裂けそうだったが扇沢の16:30のバスにギリギリ間に合った。12時間半よく歩いた。2日で4高山も登れて快挙だった。しかも天気が良く素晴らしかった。18:10長野駅着、美味しいそばを食べて長野(新幹線)19:03-20:23東京で、21:50帰着した。今回は1日早い4山踏破で百高山を挽回した。

2017年8月9～10日(**北岳大樺沢**)：9日筑波記念病院内科で肝機能が下がった原因がメインテートの可能性で、薬中止の指示が出た。CT撮り経過見となった。バス並木大橋13:17発、TXつくば13:55発、新宿特急かいじで甲府に着きKKR(国家公務員共済)に泊まった。ブルーベリー・トマトを忘れたので、暑い中スーパーでトマト2ケースを買ったらカビが生えており驚き、洗ったり捨てたりした。KKRは2日前に申し込み一般の安いホテルはなく偶々空いたようで、同時に山小屋3ヶ所を予約していた。10日早朝タクシーで甲府駅まで出て、始発4:35のバスで6:30に広河原に着き直ぐ登り始めたが、やがて分岐点が見難い道標だったが、注意していたので判った。白根御池でない<u>大樺沢</u>(おおかんば)コースに入った。高木が多く野草は少ないが順調に1時間半余り登った。8時過ぎに<u>北岳</u>中腹の大樺沢二俣(2209m)手前の段差の大きい、右横には少量の水が滝状に流れ落ちていた所(約2000m)で、勢い良くその段差を登ったら、上に立木があり、高さ1m余りの直径10cm程のやや突き出た平たい切り枝元に額を思いきり打当て、その反動で反転し岩の間で一回転して顔面を凹凸の石ころに打付けてしまった。咄嗟の事で、ストックは右手に持っており、左手は顔面に出せなかった。先に額が地面の小石に当たり直後に眼鏡の上の取り付けサングラスと鼻を激

しく打った。サングラスの細いゴムのカバーが外れていたのは後で思い出したが、運悪くその尖った針金状の先端が鼻筋上部に食い込み、そこから出血すると共に鼻打撲で鼻血が出た。激しい運動状態で血圧が上がっており、かつ血液さらさらの薬のため出血が多量だった。普段はタオルを持たないが珍しく温泉タオルを持っていたのを思い出しザックから取り出した。その間ズボンやザックにたらたらと血が落ちた。通りかかった2〜3人が救急絆創膏を出してくれて貼った。広幅の物は持ってなかったので助かった。鼻血はチリ紙を丸めて塞いだ。タオルで額・鼻筋・鼻を押さえていた。澄んだ水が流れている所で通行の邪魔になるので2度場所を変えて座り込んだ。電話しなくても良いと言ったが1人(川会氏)が救急電話(南アルプス署)をかけた。谷に近く僅かの場所の違いで電話は切れたりしたが通じた。直ぐ民間の救護隊(有料)を送るとの事だった。20分程休んでいる内に少し落ち着いたので、歩いて下りる事にした。2人が付き添い自分のザックを持ってくれて助かった。鼻を押さえて降りた。谷川を幾つか越えて下った。半分余り下りた所で救護隊2人に合流して急ぎ下った。

やがて広河原山荘に着きベンチで休息した。ここで付き添ってくれた磐田市の川会氏は再度登山に戻った(遅れたが予定の山は登れた)。静岡・長泉町の門間氏は登山を中止して帰った(よく来ており出直すだった)。両人には大変申し訳なく後日謝礼した。予約中の山小屋は全てキャンセルした。救護者からは病院で必ず診察を受けるように言われたが、救急車に乗れば当然病院に行く事になった。やがて救急車の隊員2人が来て少々問答して、野呂川の吊橋を渡って広河原インフォメーションセンターに移動し観念して救急車(南アルプス市消防本部、隊員2人と運転手)に乗り直ぐ検査されたが状況は落ち着いていた。山を下り始め、血圧・脈拍・呼吸数等の表示が出ていた。山道のためゆっくり下った。ベッドに横になり、バスより速く1時間半かかって12時に山梨県中央病院(甲府市)に搬送された。タオルは半分以上血に染まっており血みどろだったが、警官に見せるまで捨てないように言われた。病院ではCT、レントゲン等を撮った。鼻軟骨骨折で重症との診断だった。傷の手当で鼻筋からの出血は止まらないので数針縫った。頭・顔面打撲なので脳波等の検査をして異常はなかっ

たが、その後の突然の頭の異常に注意しなさいとの本人・家族宛ての文書をもらった。顔・手の血を洗いワイシャツを着替え退院した。なお保険証を持っており費用は2500円程で安かった。担当警官に会いしばらく問答して警察署長宛に始末書を書かされた。山道は自分の足で下りたので救護費と救急車費は請求されなく助かった。直ぐタクシーで甲府駅に出て新宿行きの特急に乗り、東京で直ぐ17:00のバスに乗ったが運悪くつくば高速バスは事故渋滞で成田回りとなり2倍の時間で19時過ぎに帰宅した。予定外に帰ると心配するので妻には連絡してなかった。やがて帰宅した妻に事情を説明し安堵した。当初予定は広河原－間ノ岳－塩見岳－鳥倉だった。翌11日は皮肉にも山の日で休日のため筑波記念病院に急患で行き15・18日に形成外科にかかった。打撲の額骨が突出していた (1年後ほぼ元に戻った)。鼻筋が曲がっているので軟骨が固まらない内に手術するかと聞かれたが、以前からなので手術はしなかった。以降は鼻の内部の気道が狭まり、鼻が詰まり易く、時に息がし辛く、きつい時は口からの息が多くなった。傷んだ眼鏡を2万円で変えた。怪我は全治2〜3週間で2週間と勝手に思った。10日間程静養して状況が治まったと思われたので山行を考え、21日にヘルメットを買い、モンベル保険に入って怪我から2週間目の23日に行く事にした。この頃連続降水日数は仙台36日1位、東京21日2位で7〜8月は全く異常天候だった。

2017年8月23〜25日 (小太郎山-北岳)：23日TXつくば5:06発、新宿7:00-8:30甲府着9:05発、広河原11:30着で歩き始め、時間通り3時間で14時半横広の綺麗な白根御池小屋に着いた。小屋の右前に白根お池があり、左側間近に堂々と鎮座した鳳凰三山がよく見えた。24日5:30発、草すべりコースを通り2時間半で小太郎尾根分岐に着いたが矢印が登って来た方向を指しており直ぐ判ったはずなのに、人に聞いたら丁度下りて来た知ったか振りが上の道だと言い張った(帰りに通ったが結構あり10分以上損した)。小太郎山のコースタイム(昭文社)は1時間と書いてあったが山を幾つか越える距離で往路1時間40分だった。二重山陵で西稜を歩いた。先に1人いたが離された。幾つか登り下りで今か今かと思った。彼が前小太郎山(2646m)(ここがコース1時間の記載ミスだ)に登っ

たがまだ先に行くのが見えた。さらに40分先が小太郎山(2725m87位、高85)だった。途中彼に遭ったらまだ先だと言う。帰路は1時間30分で小太郎山分岐点に引き返した。北岳肩ノ小屋は1時間かかって着き、北岳山荘に電話予約し肩ノ小屋をキャンセルして喘ぎ喘ぎ登り、②北岳(3193m、2位)に1時間10分で13:40に着いた。霧で遠方の山々は何も見えず、南北尾根は北の方が高く南の三角点は3192mだった。38年振り2回目は印象的だった。頂上から少し下ると陽が少し出た。強風で砂埃が飛び、目が痛く閉じたり細めたりで15時に北岳山荘に着き富士山を撮った。分岐点からずっとかなりの強風だったが、特に午後の北岳付近では強かった。夕方の富士山上空に夕日に赤く染まった羽雲が見えカメラを取って来たら、夕日は陰ったが写真は撮った。強風が続いていた。夕食はカレーで特注したら待たされ碌でもない食事になった。カレーで下痢した方が良かったかと思った。25日3時に起きたが強風。前夜に渡さない朝弁を4時に受け取った。霧で強風だったので朝弁を食べ様子をみた。白みかけたので外に出たら雲が切れ朝焼雲も僅かに見えたので、出発できるかと思い、トイレを終え服も増やし耳当てをして尾根筋まで出たら瞬間風速35㎧以上の暴風で吹き飛ばされそうで歩けず引き返した。天候・日数・鼻傷・心臓・肝臓等々種々悩み考えた。暫時、下山を決断して伝え5時半に下った。人は少なく漸く数人に遭った。八本歯ノコルは急で残雪が少しあった。北岳バットレスの絶壁を繁々と眺めた。崖沿いの道を4時間半が5時間で10時半広河原に着いた。広河原林園内を逍遥し桂の巨木を多数見た。1日待てば良かったか、今回も間ノ岳－塩見岳縦走は果たせず。12時バス14時甲府着、14:25発－東京、バス16:30で18時帰着した。

2017年9月8～11日(聖岳)：(車)8日つくば6:20発、圏央八王子を経由、談合坂(強雨)－松川から細道を通って13:20かぐら山荘(素泊6825円)着。コンビニがなく翌日の弁当は買えず小さいスーパーで代用食を買った。かぐらの湯温泉で、背筋をほぐす機械の上下動は却ってきつく、翌日の登山に差し障るので止めた。ログハウスは暑く、夕方冷えてきたが窓が重くて閉まらず頼んで閉じた。9日4:30発、乗合タクシーは1人1万円の予約が4人で2500

円だった。易老渡5:30発、高山の森林帯には苔が多く素晴らしかった。コースタイム通り8時間で聖平小屋に13:30着だったが、人よりかなり遅れた。寝床は入口直ぐで寒かった。10日4:30朝食、5:00発、夜は雨で地面はよく濡れており霧で何も見えず、コースタイム3時間半が3時間だった。②聖岳(前聖岳3013m21位)を順調に越えた。兎岳・中盛丸山・赤石岳等の山頂は僅かに雲がかかっていたが百間洞山の家(ひゃっけんぼら)の赤い屋根はくっきり見えた。兎岳の間近まで来た時、その西側絶壁をちらっと垣間見た。出発前には兎岳か百間洞往復を考えていたが、兎岳の急峻な先鋒と思われた絶壁とキレットを見て無意識に直感したか、急に鼻の傷や心臓が心配になり、また数カ月後でも突然の頭の異常発症に注意をとの書面を思い出し、写真だけ撮れば良いと思い、時間的に余裕はあったが、さらなる急坂の登り降りは嫌気が差し深追いを止めて、神のお告げか撤退を決断した。聖兎コル(鞍部)の手前だった。丁度見晴らしの良い岩上で相当の時間停滞しお握りを食べ、兎岳の頂上が再度見えるのを待つが見えず、写真は数枚撮り対向した1人ずつ2人の登山者と話した。1人は年配の人で半月間も山に入り聖岳で百名山達成と言っていた。実はその岩はラジオラリア盤石と呼ばれる放散虫の化石(珪酸質)だが、その時は何も知らず。高山の荘厳・静寂を満喫した後、急な聖岳を登り返した。聖岳の直下近くで、百間洞山の家に行くと言う年配の人に遭った。こんな時間で大丈夫かと心配した。その後急坂を上り聖岳山頂でものんびりしたが、気が抜けて帽子を忘れた。聖岳を下る途中、追い付いて来た人は兎岳断念地点で話した人で偶然2回目だった。その時に初めて気付いたが頭に日除けで手拭いを巻いていた。実はその人は帽子を小屋に忘れたので、聖岳頂上に忘れた自分の帽子(上に石が置いてあったそうだ)が欲しかったようだ。被ってくれば良かったとお互いに残念がった。自分は時間潰しをして下りていたが、再会したのは奥聖岳を往復して来たためだった。奇遇が続き彼とは聖平小屋でも3度目で、夕食時に百名山達成の記念品をもらい祝った。かつ同じ73歳だった。自分は連泊なのでウナギの蒲焼きが出て食べ過ぎたが便秘が解消して良かった。夜は上空に雲はあったが月が出ており金星も見えた。11日5:00発で尾根に出たら偶然御来光

に出会った。丁度2年前と同じ光景で、綺麗ですねと一緒に見た人も1人で同じだった。一路下る時、苔が豊富で神秘的な倒木更新を再々認知した。体力気力喪失で12時予定は無理かと思ったが、驚くなかれ1時間早く9:30に易老渡に着いた。下りは快調で速く歩けた。左の足中指爪が痛かった。胡桃を拾い小屋のベンチで寝て待ち、早い11時のタクシー(団体、5000円)に同乗して、かぐらの湯から高速飯田－圏央八王子で20時に帰った。目的が果たせなかったが、次回の偵察と考えた。

2017年9月20～21日(将棊頭山-木曽駒ヶ岳)：20日TXつくば5:06発、新宿－駒ヶ根からロープウェイで千畳敷を12:30に歩き始めた。無雪で風と霧だった。八丁坂を登り乗越浄土で強風になった。宝剣山荘に着き、西駒山荘に電話がかろうじて通じ宿泊を依頼した。強風・霧の続く中、数人に聞いて駒飼ノ池を経て濃ヶ池まで下った。ほぼ埋まった池の砂地を左に歩き迷ったが引き返して右の道に戻り1時間50分を2時間20分で西駒山荘に着き、荷物を置いて出た。登る途中、分岐点を見付けていたので、暴風・霧の中、よろけながらも将棊頭山(2730m84位、高86)に登った。道は何とか判った。頂上は霧で何も見えず標柱の写真を撮り16:45に戻った。宿泊は3人だった。ビデオで3年前に山田敦子アナが登山したNHKテレビを見た。夜、雨になったが一時星も見え、風向激変の突風が吹いた。21日氷が張ったと話していた。6時半頃発、昨日きつい中でも将棊頭山に登っていて良かった。少し風が弱まり馬ノ背を登る事にした。強風の中で霜柱を見た。寒さに慣れてなく顔が非常に寒くマスクを掛け耳は毛帽子で被った。馬ノ背上方で当日初めて女性2人に遭った。やがて③木曽駒ヶ岳(2956m25位)に着き写真を撮ったが、中岳(2925m)も人が多かった。帰る時に先鋒の宝剣岳(口絵写真12)を撮り、千畳敷に出て雄大な千畳敷カール(口絵写真13)を撮って10:30のロープウェイで下りた。駒ヶ根で1時間待ちのため、聖岳で忘れた帽子を2300円で買った(山に不向き)。新宿－東京で18:15帰着した。

9月24～26日(樅沢岳)：(車)24日つくば0:20発、1:30首都高から5時高速松本を出て7:00新穂高温泉着だった。無料P満車で苦労したが、有料Pは最後2台目(千円)で安堵し7時半出発した。左俣林道を通っ

て小池新道に入った。途中敷石がよく整備されていた。先日の疲れもあり遅かったが順調に登った。最後の500mがきつく、鏡平直前では疲れて5分の所が10分余りだった。21日の木曽駒の寒さと異なり今度は暑さに参った。少し遅れ気味でやっと鏡平池に着き、神秘的な鏡池と対照的な槍ヶ岳(**口絵写真14**)を撮り14:10鏡平山荘(2300m)に2食9500円で入った。夕食は美味しかった。夜中、窓から槍ヶ岳山荘の光が輝いていた。風が弱く満天の星空だった。25日5:35発、順調に登り双六小屋から東の槍ヶ岳の方に登って8:00には樅沢岳(もみさわだけ)(2755m79位、高87)に着いた。頂上にはハイマツが生えていたが見晴らしは格別だった。槍ヶ岳・大天井岳・真砂岳・鷲羽岳・三俣蓮華岳・双六岳・黒部五郎岳の写真を撮り、人を待って標柱と共に写真に映った。10:30に鏡平に帰り、鏡池と槍ヶ岳の写真に収まった。下る途中に奥穂高や笠ヶ岳の凹凸、麓では風穴を見ながら15時新穂高温泉に下山した。休憩して16時発で高速松本－更埴－鶴ヶ島で圏央道に入ったが、夜の菖蒲Pは大型トラックが満杯で異様だった。往路7時間、帰路9時間だった。高速では何度も寝て26日1:06帰着した。

翌10月の小屋予約は雪のため閉鎖で百高山登山は終わった。

2017年10月10日:(車)つくば発、TXみどりの5:15発、池袋－高麗(こま)8:00発、**日和田山**(305m)(エベレスト登頂の田部井女史が訓練した山)は急な男坂を登り、高指山(電波塔)・物見山(375m)に登った。途中ストックを忘れ取りに帰った。12:00下山、秋のハイキングを楽しんだ。赤彼岸花の球根を採取した。横手－東京で17時に帰った。

12月30日(**筑波山**):(車、妻)つくば発、奈良・平安代の遺跡・平沢官衙(かんが)を見てつつじヶ丘(ロープウェイ)から**筑波山**(男体・女体山)で夜景とイルミネーションを鑑賞した。

2017年は、夏秋期の半年間で25山程に登ったが、縦走を伴う高山で、登山日数の長い難関の山が多い事と夏季の天候不順と多残雪、特に山での怪我、日程・体力・気力に苦戦し減少した。成功・失敗率は11回の内6.5勝4.5敗であり、7月15日～9月11日の最適期6回では1.5勝4.5敗で、1勝(回)は蓮華・針ノ木・スバリ・赤沢岳と目的の半分0.5勝は小太郎山だった(百高山では2回目の北岳を加え2勝3敗)。最適期の新規の百高山は5勝12敗で、全期間(6

～9月)では11勝12敗だった。鋸岳は頂上近いピークまで登ったので12山とし、百高山は87山となった。

未踏峰は大沢岳(2820m、55位)・兎岳(56位)・中盛丸山(61位)・剣御前(70位)・赤岩岳(71位)・大籠岳(73位)・西岳(78位)・笹山(83位)・南真砂岳(89位)・北荒川岳(91位)・安倍荒倉岳(93位)・赤沢山(98位)・新蛇抜山(100位)の13山となったが踏破は多難である。登山はきついが、登頂した気分とその前後に自然との親和を感じ、生活・命に気力が湧く気分を味わい、豊かな人生を育む糧となっている。高山はもう1年程、頑張りたいと思った。

(16) 百高山の集中・達成年の登山

2018年1～12月(九大名誉教授・学術会議連携会員・北大研究員):

2018年2月28日(**筑波山**):(車)つくば発、筑波山(男体・女体山)に足の訓練とハイキングで登った。御幸原コースで転び手の平を打った。

3月25日(**筑波山**):(車、妻・葉月股甥)つつじヶ丘から登り筑波山(女体・男体山)を往復した。御幸ヶ原でケンチンウドンを食べた。カタクリが別々に2輪咲いており、感激し鑑賞した。

5月1日(**筑波山**):(車)つくばね－つつじヶ丘－おたつ石コースで筑波山を8時間かけて回り、植物観察で春のハイキングを楽しんだ。

2018年7月13～17日(**聖 岳-兎岳-中盛丸山-大沢岳-中盛丸山-兎岳-聖岳**):(車)13日つくば7:30発、圏央八王子から松川で出て14:40遠山郷観光協会(かぐら山荘)着、秘境・下栗の里(天空の里ビューポイント徒歩600m)で山地の集落を見て16:55戻った。14日タクシー4:20発、梨元ていしゃば－易老渡(いろうど)5:30発、西沢渡でゴンドラに乗せてもらい速く楽だった。苔の多い鬱蒼と繁った原生林を経て弁当を食べ13:00尾根の薊(あざみ)畑(はた)分岐で13:40聖平小屋着だった。梅雨明け7月の決行を念じていた今年初の登山で、足が慣れてなく筋・筋肉が痛くなった。夕食時8人が自己紹介した。団体は来なく枠内7人が4人になり、右側が空いたのに詰めるなと言う神経質な人は夜に病的咳をして近寄るため、部屋の対角線側に逃げ出して良かった。15日3:30起、朝食4:30、5:00発、聖岳(前聖岳)の急坂ガレ場はきつかった。知り合った福島氏(荷物は小屋に残し)は先に着き頂上近くで惜別した。③**聖岳**(前聖岳3013m21位)8:50着、人が多

かった。数人が兎岳への急坂を下った。ラジオラリア(昨年引き返した所)で赤石岳・兎岳と百間洞山の家を撮った。急峻坂を下ると登りはきつく、前を行く若者に小屋に遅く行く伝言を頼んだ。足が痛くなっていた。兎岳(2818m56位、高88) 11:30 － 中盛丸山(2807m61位、高89) 13:00 － 小屋分岐点13:30は比較的順調だった。大沢岳(2819m55位、 高90) 14:00 － 百間洞山の家15:55着。大沢岳ピストンの人に追い付かれ写真を撮り合い頂上で別れた。大沢岳からの下りはきつくハイマツ・岩に捉まり、ガレ場の浮石を慎重に下りた。赤石沢源流(大井川への一支流)の水は極めて冷たかった。大沢岳までは幾分遅れ気味だったが、特に大沢岳下山に時間がかかり、9時間20分コースが11時間だった。夕食は豚カツ・生キャベツ・そば等で最高級だった。16日3:30起、4:30朝食の味噌汁をお代わり、5:00発、道沿いの小鳥がストックで飛び立った。りんけん新道1時間は1時間5分だった。2回目の中盛丸山(6:50)からは右足が痛く庇いながら下りた。昨日までヘルメット内に帽子を被らず首の日焼けで失敗した。兎岳9:00着、急坂を下ってコルに着き地質学的に貴重な赤チャート絶壁の写真を撮った。外国人が急坂で転び日本語で危ないの声と滑る時のガラガラ石音が聞こえた。昨年の兎岳コル近くでの中断は神のお告げかと今回も思った。兎岳避難小屋直前で弁当を食べて休み、歩き出すと避難小屋に迷い込みゴザ敷部屋を見た。聖岳の北に鎮座した懐かしい赤石岳(**口絵写真15**)が見えた。④聖岳12:30着、写真を撮り昨年の帽子を捜したがなく、直下の聖平小屋の赤屋根を見て名残惜しく下った。ガレ場は滑るため足痛で怖かった。小聖岳の下方でエビフライとお握り2個食べた(4個の良弁当)。足痛の若者はガレ場を越えたが薊畑手前で間違え引き返して来たので同行した。方向指示盤15:50、聖平小屋16:10着で6泊目だった。左奥床でアブに右首後方を刺され大きい瘤ができた。無意識に潰したらしく襟に血が付き翌朝死骸を見た。夕食はお握りを食べた事と坂道のトイレ帰りのため食欲不振で飯に醤油をかけ美味しくないが詰め込んだ。夕食後薬8種を飲み目薬を差した。日記を書く時に不思議に20余人が喋らず皆早く寝た。よく寝た方で、満天の星空だった。17日朝食4:30(薬6種)、5:10発で順調に下りた。森林帯をかなり下った所で遭っ

た人がゴンドラは大変だと言う。それで急ぎ急坂を下った。西沢渡で弁当を食べて徒渉可能か見たが不可、ゴンドラは対岸にあり手繰り寄せた。綱引きは息が切れ何度も休み、乗ってからも大変で20分位で渡った。直ぐ遭った夫婦に教えた。森林公園の水道の出っぱなしを止め11時に易老渡に下山してタクシー11:45発、かぐら山荘12:50着、2人各4990円(運賃1/2)だった。天神橋公園でトイレ利用、三遠南信矢筈トンネルを越え飯田で高速に入り何度も休み圏央八王子から23:17帰着し安堵した。足の浮腫みと多数の虫刺跡があった。

2018年7月22～26日(間ノ岳-安倍荒倉岳-新蛇抜山-北荒川岳-農鳥岳-広河内岳-大籠岳)：22日TXつくば5:06発、新宿7:00-8:25甲府9:08-11:05広河原11:10発、14:15白根御池小屋着、ゆっくり歩き3時間を3時間5分だった。夕朝食弁当9500円、左奥ダケカンバ。昼食時ブユに左耳を刺され腫れ小屋でムヒ・メンタムを塗った。夕食の鶏肉は柔らく、生キャベツ、硬い山菜が多く、オレンジは一部傷んでいた。23日5時朝食、5:35発、二俣で草スベリの方に行き、違うと感じ山ガールと引き返した。雪渓手前トイレ(100円)で金属音の硬便1個出た。幅5mの表面乾燥の雪渓を横切り無雪の横道を通り八本歯ノコルまで登った(昨年より雪激減)。北岳方面でも間違えかけたが少しハイマツを横切り戻った。④中白根山(3055m)－④間ノ岳(3190m、3位)までは数人に遭ったのみで少なく岩場の三峰岳(2999m)では1人に抜かれ三国平で1老人に追い付いたが直ぐ抜かれた。メールが送れる所で出した。15:30樹林帯の熊ノ平小屋着。荷物が重く暑さとで7時間20分が10時間かかった(熊谷41.1℃新記録)。夕食弁当2食1万円、2階A下端、トイレ坂下40m、夕食トマトスープ、ヨーグルトで、ご飯は残り、朝食にした。24日3:10起、3:55発、安倍荒倉岳(2693m93位、高91)では直角に登る道を見付けて登り、新蛇抜山(2667m100位、高92)も直角の登道をかなり登り地面上の標識写真を撮った。北荒川岳(2698m91位、高93)では堂々たる塩見岳(口絵写真16)が間近に見られ三角点の写真を撮った。3度目挑戦の3頂稜を往復して熊ノ平小屋で水を汲み荷物を受け取り10:10発、急坂40分を50分で登り、三国平から水平道で農鳥小屋に行く途中で聞いていた大井川源流で貴重な水を飲み汲

んだ。他１ヶ所水があり驚いた。後半の道が凄く荒れてトラバースどころか急下降・上昇できつく、やっと農鳥小屋への道に出たが以降もかなりの距離を歩いた。熊ノ平より４時間20分で14:30着、三国平より農鳥小屋は２時間が急坂降登で３時間半かかった。農鳥小屋では農鳥親爺(深沢氏)にまず年齢を聞かれた。74歳に配慮か水は無料で翌朝も入れたが500cc程だった。笹山に行くと言う事で心配をかけ何度も親爺に言われた。笹山を下る道があると言うがルートを知らず、適時に余裕を持った往復の時間で的確に判断する事にした。小屋の女性から白河内岳まで赤リボンを付けた事を聞き期待した。トイレに数回行き十三夜月は明るかったが早朝月は沈み満天の星空になった。25日2:20起、3:00用意して少し布団で待ち3:20発、親爺のお茶の誘いは断った。ライトを点けて１番に出た。相当後方に２人来ていた。暗い内に④農鳥岳(西農鳥岳3051m15位－農鳥岳3026m)の西峰に着き、東峰の農鳥岳は朝日を浴びており写真を撮った(口絵写真17)。最初暗くて時間がかかり大門沢下降点に6:20着、２時間10分が３時間だ。荷物を下降点ケルンのビニール大袋に残し6:30発、③広河内岳(2895m35位)7:00着、大籠岳(2767m72位、高94)(口絵写真18)は約２時間で9:00着だが白河内岳かと思った。尾根筋を少し登り白河内岳(2813m)約１時間で10:00頃着。写真を撮り少し下った所で黒河内岳(笹山)の写真を撮った。前方にコルがあり雲(天候)、時間、黒河内岳より高い白河内岳を考慮して10:20に行くのを断念した。途中、東側より沸き立つ雲がよく見えた。奈良田側の湿った水蒸気が雲となり西側から尾根に吹き上げる乾燥した風に高く吹き上げられ、霧・雲が垂直に登っていた。一度竜巻状の雲も見た。雷雨が心配でこの雲が出ると雷雨になるので引き返すよう小屋女性から注意を受けていた。時間的に余裕が出たのでゆっくり引き返した。途中２回程リボンを見失いハイマツや岩を越えるのに苦労・心配したが時間はあるので落ち着いて越えた。霧は時々尾根を越えて巻き込み前方が見えなくなる事があった。発生確率は相当高いと思われるが、南アルプス南部域の夏の典型的な霧・雲(積雲)発生に４回目にして初めて遭遇し心臓が震える程感動した(口絵写真18)。学会で山岳気象を発表する事にした。

大籠岳11:50、広河内岳13:50着で、途中雨は降らず助かった。下降点14:20着で安堵し、残していた荷物を詰め替えた。14:30に団体19名の後に下り始めたが直ぐ抜くよう道を譲ってくれた。その時急坂を急いだので左足が痛くなり足を庇いながら急坂を下った。下降点から2時間半が3時間かかり17:30大門沢小屋に着いた。道が非常に荒れ修理してなく何回か滑ったが怪我はなく慎重に下りた。小屋は団体(18:30着)と別室2階で、最後2人は1布団と指定されたが予定の2人が来ず丁度1人宛となり助かった。26日3:20起、トイレでは硬便と下痢だった。足が痛いので余裕を持って4:30発、足の痛さは減少し7:40奈良田第一発電所一番着だった。介護員が来て唇色が悪いと言う。休憩で体が汗で冷えた。血圧はやや高く、指挟み検査は警音が鳴り酸欠血液だった。熊本の緑さんと山・本の話をした。10人程が9:06バスに乗り広河原9:45着。待ち時間約1時間あったが丁度水道故障で期待のラーメンは不可。広河原11:00-12:55甲府－新宿－東京で16:30帰宅した。

2018年7月31日～8月3日(西岳-赤岩岳-赤沢山)：(車)31日つくば8:41発、圏央つくば中央・鶴ヶ島－更埴－松本－158号線で16:00梓第一駐車場着、暑かったが車中泊。8月1日5:13バス発(往復1030円)、5:45上高地バスターミナル着発、多くの人に抜かれたが横尾で子供連れと山ガール1人を抜いた。森林浴、明神岳・穂高岳が見えた。徳沢は槍方面無標識、11:00槍沢ロッヂ着、5時間50分を6時間15分だった。少し寝て夕食、弁当2食10800円。夕食は鶏唐揚・味噌汁2杯で美味。風呂に浸かり溜湯で無洗剤洗い、上がり湯は1杯もらえた。山で初めてで清潔感なし。2階直近で布団5枚3人中央、両横は鼾、朝方少し寝た。2日3:55発、ライトを点け約30分登った。ストックのゴムが抜けたが急いでおり帰りに捜したが無理だった。分岐点の大曲は注意して分かり悪天用避難路の急峻坂を順調に登った。途中ガマ・赤ガエルを見た。梯子・鎖があり慎重に越え、痩せ尾根の水俣乗越に時間通り着き、槍ヶ岳絶景を何度も見て8:25ヒュッテ西岳に着いた。急坂の4時間40分を10分早く着き驚いた。早朝は元気で調子が良かった。ヒュッテで今日泊まるので荷物預かりを頼むと荷物は全て持って行け預からないと言う。全く吃驚したが紛

らわせるため西岳、赤岩岳は何分かと聞くと15分、30分と言う。荷物置けず西岳(2758m78位、高95)に登った。西岳から槍ヶ岳全景が前面に見え素晴らしい絶景で最高だった(**口絵写真19**)。景色と自分の写真を撮り下りる途中で山ガール2人が荷物を置き登って来たが荷物の件は複雑だった。西岳から赤岩岳(2769m71位、高96)に行くが30分ではとても無理で標識案内もなく登頂は禁止と言っていた。西岳からの頂上方面には×印があり北側に回ったが登り口はなく引き返した。登頂は禁止だが、若者は道脇に標識があったと言う。ヒュッテ西岳に戻り小屋横の日陰で休み若者と話してキャンプ場南奥の絶壁尾根2686mから直近の道のない赤沢山(2670m98位、高97)を繁々と眺め写真を撮った。11:00に予約のヒュッテ西岳に入った。廊下棚にザックを置き寝床に持ち込むなと言う。疲れて直ぐ横になった。昨年9月下旬に10月上旬は雪で小屋は閉鎖するので1年延期していた。ふと12時直前に目を覚ますと夢か神のお告げか下る事にした。下山3時間なので急に決断して慌ただしく管理人に告げた。宿代8500円から5000円返してくれたが休憩料は高かった。急ぎ用意し

て嫌な小屋を逃げ出し、丁度来た老夫婦と入れ替わった。慎重に急坂を下り急登した。途中小屋の雨水浄水を飲み後は止めた(殺菌剤の原因か後で下剤とで激下痢した)。急坂下のコルから再び急坂を登ると次の急坂下が水俣乗越と登る2人に教わり、着いて一安心した。中1生と母親に百高山の事と歳を聞かれ話すと感心していた。時間はあると言い聞かせ慎重に大曲に降り、沢で冷水を飲み安堵した。2回滑った。槍沢を右に見て下り槍見の槍山(赤沢山の一部)を見て15:30槍沢ロッヂに着き、横尾は17時過ぎるので連泊した。3時間が3時間半だった。朝食なしで連泊千円引7500円だった。奥の部屋あざみ5壁側だった。人が増え休憩室廊下も布団敷だ。連泊組はハンバーグ。周辺の人に百高山を紹介した。風呂は入らず、翌日早く動け余裕が出て助かった。3日2:50起、3:35発、約1時間ライトを点けた。緩い上下道を順調に下り明神池・穂高神社(250円)に20分入り樹木の生えた池を見て北側歩道(森林浴)を急ぎバス停に9時に着いた。4時間45分が穂高神社参拝込みで5時間25分だった。お握りを食べ9:25に乗り10:00沢渡大橋に着き早かった。梓駐車場10:20

発、道の駅・風穴の郷で酒貯蔵の風穴蔵(8℃)に入った。13:00高速松本で入りナビは更埴で外に案内、入り直した。休み休みで薄暮18:50に無事帰宅した。直ぐ荷物を片付け風呂に入り夕食したら便意を催しトイレに駆け込んだ。例の激下痢だった。

2018年8月9〜11日(黒河内岳(笹山)):(車)9日つくば10:55発、圏央八王子渋滞、甲府南で出て140・52号線で南アルプス街道(早川町)より奈良田温泉に着き、笹山登山口を下見した後、マイカー規制の広河原方面トンネル前の奈良田第一発電所(下山口)へ行った。奈良田バス停までの2度の歩行と発電所での2度のバス乗車点が繋がり懐かしかった。西山ダム吊橋北300mの駐車場で車中泊した。バス停横のトイレを利用し登山届を出した。10日2:30起、3:20発、ライトを点け奈良田第二発電所ダム上の200m吊橋を渡り河原を徒渉して登山口から手摺沿いに森林内を登ると夜が明けた。晴天・曇で時々太陽・霧が出て雨は降らず、急坂の無限に続くような下りのない一本坂を登った。林内は霧で周辺は見えなかった。やがて1603m高点を確認すると3時間だった。暗闇と疲労を考慮してもやや遅れ気味と判断した。登り一辺倒だが水場入口を越え何とか2256m高点に着きかなり登ったと実感した。時間は相当かかっており先を急いだ。胸が大変きつく休み休みだった。2560m高点は見当たらず喘ぎ喘ぎで、こんなに果てしなく歩いて出て来ないと、断念する事も考えたが転(伝)付峠の矢印が出て写真を撮った後、いきなり黒河内岳(笹山)(南峰2718m)に着き心が躍り感激した。11:00頃急ぎ北峰に向けてカメラと水を持って行ったが、黒河内岳(笹山)(北峰2733m82位、高98)の頂上付近は霧で視界なく残念だった。11:30頃に南峰を下り始めた。急坂を比較的ゆっくり足場を確保しながら下りたが、意外と時間がかからなく地面は濡れてなくて助かった。夕方、林内は暗い位で激坂は嫌になるほど長距離だった。2256m付近で下山中の若者2人と登りの若者1人に遭ったのみだった。時々濃霧や陽が出たりしたが、終始ほとんど無風状態だった。下方で周辺の山が林内から微かに見えたが写真にならず。何本か巨檜を見た。下山直前でパラパラと雨が降り少し風が出た。帰りにはダムへの進入川はブルドーザーで埋められており河原の徒渉はなかった。ついに16:20頃奈良田温泉に着

いた。途中5回程滑ったが大事なく下山した。途中草花を取ったがススキの穂が出ていて吃驚した。ダム湖・吊橋と雲(雨雲・上昇雲)の写真を撮った。1番に登り1番で降りたが感慨深かく念願が叶った。登りが遅く7時間40分、下り5時間、計12時間40分でコースタイム9～12時間よりも相当遅かった。18時頃発、南アルプス街道から南甲府で高速、圏央道事故渋滞のため東京経由で11日1:50無事帰着し安堵した。

2018年8月17～20日(祖父岳-南真砂岳-野口五郎岳-三ツ岳)：17日TXつくば5:06発、上野(新幹線)6:22-8:26富山8:56-9:32有峰口9:50-10:45折立は早く10:35発、太郎平までは5回目で、三角点1871mは順調で早く、太郎平小屋15:30着で5時間が4時間55分だった。強度の寒冷高気圧で急速に雲が消えて晴れ、やや強い風が冷たくヤッケを着て汗も掻く異様さだった。ハンバーグの夕食は程ほどで、1階の窓から高山植物が見え良かったが夜中に体が冷え着増すと寝られた。17日は4℃の低温だった(18日朝は1℃か、2日連続の低温)。18日朝弁、4:00発、30余分ライトを点けた。強度の冷え込みで木道は霜できらきら光り、滑

るので慎重に歩いた。笹やリンドウの頗る綺麗な霜の写真を撮った。8月中旬の霜は希有か、顕著な霜は標高1900～2300m(-3℃)で見られた。薬師沢小屋には暗さと霜で40分多くかかった。水を補給し薬師沢吊橋を渡り急登した。木道まできつかった。雲ノ平でアルプス庭園の緩やかな祖母岳(ばあだけ)(2560m)を20分で往復し、急な③祖父岳(じいだけ)(2825m53位)を越えた。朝、黒部五郎岳と日本海側には雲海があった。早朝から歩き疲れてきつかったが15:00水晶小屋に着いた。9時間が11時間だった。小屋で高瀬ダムの濁沢橋落下とタクシーの通行止を聞き悲痛で電話すると本日復旧して安堵した。夕方、黒部五郎岳方面に雲が出ていた。雪は山道にはなく日陰に極僅かあった。夕食はカレーでご飯と具のみを少し食べた。外は低温風で寒いが2階は暑く窓を少し開けて温度を下げた。隣の咳で反対向きに寝て体を休めた。19日朝弁、3:57発、ライトを点けて急坂を下った。月は昨夜見えており満天の星空だった。4:45消灯、野口五郎小屋からの数人に遭った。6:30真砂分岐着で、2時間が2時間半で速い方だった。大きい登降の細道を慎重に歩き梯子などもある細い急坂を1時

間で7:30 南真砂岳(2713m89位、高99)に登り写真を撮った。湯俣温泉行きは通行止(吊橋落下)。帰路に同山往復の夫婦に遭った。2700mの高山でエゾゼミ雌を拾い直ぐ離したが低温のために飛べなかった。地球温暖化で高標高まで上ったが朝の低温の影響だろう。1時間半で9:00真砂分岐に戻ると湯俣温泉通行止のロープが張られていた。急ぎ真砂岳の登り口を捜して歩くと無名柱があり、丁度来た人が上にも柱を見付け登り口が分かった。登山道はなく適宜登ったが意外と簡単に真砂岳(2862m)に登れて頂上で写真を撮った。次は野口五郎岳近くで登るか迷った(登ると時間的に当日の下山絶念)。途中で登頂道に変えて③野口五郎岳(2924m28位)に登った。頂上で写真を撮り烏帽子小屋に向けて下った。烏帽子小屋2時間半とあったが自分には疲労で無理な時間だ。お花畑コース(ミヤマリンドウ、ミヤマアキノキリンソウ等5種程、チングルマの種毛)を歩き、直ぐ③三ツ岳(2845m47位)になるが、丁度南側に下りて来た2人に聞くと道はなく適当で4人組は反対側に戻ったと言う。途中まで登ったが道は不明で滑るので止めて登山道に戻って北に歩くと例の4人組に遭った。しばらく歩き北側近くで登りの踏み跡があり、それを頼りに登った。大岩が多くあり頂上らしき最大の巨岩に触れて写真を撮った。丁度1人来て話すと東の表銀座から頂上の3岩が見えるそうだ。三ツ岳を下り烏帽子小屋に急いだ。途中熊の大糞?を丁度通った夫婦と見て驚いた。夕方で体力・スピードが落ちたがキャンプ場上の小屋に15:10やっと辿り着いた。南真砂岳往復込みの9時間10分が11時間10分程かかった。半日で水3リットル飲んだ。水2リットル400円を入れた。夕食ビーフシチュウ、キャベツ、オレンジ、キュウリ、味噌汁の美食で、使い捨て食器だった。夕方日本海側からの滝雲が見え感激し写真を撮った。20日4:00発、急坂降降、4:45消灯。尾根でタクシーに電話、下り4時間と思い8時としたがしばらく歩いて8:30に変えた。余裕が出て高瀬ダム直前のカツラ巨木で休憩した。濁沢の滝は濁り勢い良く落水していた。木橋は修理され通過でき8:00丁度にトンネル抜けたらタクシーが1台来たが無線で呼んでくれて8:20下った。車道の落石も片づいていた。適時の長野行バスがなく、続けて信濃大町に出た。タクシー代8100円だった。
大　町9:34-10:37松　本11:08-13:33

新宿、東京14時に乗れて15時帰着した。達成度100%だった。4日間天気は上々で快心の山行で満足した。

8月29〜30日(**鋸岳**)：(車)29日つくば9:20発、圏央八王子－伊那より15:30戸台川原P着、白石堰堤まで下見に行く。鋸岳より2人が下りて来て話を聴いた。夜は車中泊で最初暑く次第に冷え寝袋を被った、よく寝た方だ。30日2:00起き、食事して2:47歩き出した。18日月が明るく河原でもライトなしで歩けそうだった。意気込み過ぎたか、間違えて速く徒渉して第二堰堤に入ってしまい引き返して急坂を登り体力を消耗した。徒渉で水中の石はヌルヌルで2度滑って両靴を濡らした。さらに無駄な徒渉が数回あり戦意を失いかけた。戸台川出合6時頃でケルンを見て登り始めたが、比較的早く目印の赤リボンを見失い、かなり登って引き返し確認して、急坂を休み休み登ったが胸・心臓がきつかった。一合目付近の角兵衛ノ大岩の写真を撮り、ガレ場の唐松を何度か越え、鋸岳頂上付近や仙丈岳および登って来た下方の写真を撮った。**鋸岳**(2685m)の大岩下ノ岩小屋付近、約2000m高点に達した所で、登山の速度・距離を計算するとどうも時間的に厳しく、2度の道の間違い、無駄な徒渉等で消耗し体力的にもきつく、早い段階で気力が減退し闘志が湧かなくなり、体力・時間等を勘案して9:45思い切って早めに観念して下山の余力を残してゆっくり降りた。年齢に勝てず体力の衰えを感じた。下山道は迷わなかった。途中、植物観察をした。炎天下で暑く長い河原を歩いた。往復時、誰にも遭わなかったが奥の駐車場に1台止まっていた。駐車場14:10着だった。鋸岳は2回目であった。看板に単独行と高度な登山技術保持者(上級者、ベテラン)以外は禁止との記述があった。年齢を考慮すると力量以上だったのだろう。伊那で高速に入り何度も駐車・休憩して八王子で圏央道に入るとラジオで圏央道・五霞－堺古河の緊急通行止を聞き、狭山Pで休憩・確認して鶴ヶ島－大泉－三郷経由で23:15帰着した。

2018年9月6〜7日(**別山**)：TXつくば5:06発、上野(新幹線)6:22-8:26富山8:56-9:45立山10:00-10:07美女平10:20-11:00室堂、11時歩き始め、みくりが池経由で12時雷鳥平(雷鳥沢)より急坂を登り1時間50分で13:50別山乗越・劔御前小舎に着き、荷物を置いて別山に登った。風が強く寒かったが30分で

別山(南峰2874m)、50分で別山(北峰2880m37位)に着き迫力満点の剱岳(**口絵写真20**)や立山・鹿島槍等々の絶景を眺め写真を撮り、直近の大日岳、真砂岳等の景色を満喫した。日本最高所の池・硯ヶ池(2830m)を見た。上方にも小池があった。風が強くなり、高層雲がかなり出ていたが、天気良く最高だった。残照の中をゆっくり下り16:10に小舎に戻った。夕食泊で9000円、夕食17時15人で、鶏肉・キャベツ・トマト・オレンジで良かった。味噌汁お代わり美味しかった。ストーブ談話室でテレビを見た。北海道地震震度7(出発直前)で凄い土砂崩れだった。部屋は北西風が当たり2階床隙から入り寒く毛布で塞いだが無理だった。昼間の登山で低温・強風の中、防寒が良くなく血液が回らなかったか、夜に体が冷えて鈍痛が体全体にあり、狭心症の放散痛だったか、ほとんど眠れなかった。夜は少し風も弱まり星が出たが朝方には強風雨が窓に吹き付けていた。7日5時起き、剱御前、大日岳を断念して6時強風の中を出発した。下山中に雷鳥を直近で見た。霧と風で雨は止んでいた。7:10雷鳥平対岸でお握りを食べた。浄土川を渡る頃暗くなり相当の強雨で8:30室堂に喘ぎながら辿り着いた。ほぼずぶ濡れだった。雨具を整理して直ぐ8:40バスに乗れた。車中で上半身着替えた。9:30美女平着、9:40ケーブルカー7分で立山、富山行普通に間に合った。富山(新幹線)はくたか11:19-13:52東京、車中でズボン下を着替え、靴下を絞った。ズボンは濡れていたが寒くなかった。東京14時で15時には家に早く無事着いたが、達成度は半分以下だった。

　9月11〜12日(**剱御前**)：TXつくば5:06発、上野(新幹線)6:22-8:26富山8:56-9:45立山10:00-10:07美女平10:20-11:10室堂で歩き始め、みくりが池経由で12時雷鳥平より急坂を登り1時間50分で13:50別山乗越・剱御前小舎に着き夕食・朝弁で1万円だった。剱御前は横を通ったのみの勘違いで、何と4回目の捲土重来だった。荷物を置いて剱御前最高点(2792m)から剱御前(2777m70位、高100)の三角点に40分で登り写真を撮った。この登頂でついに日本百高山を登頂・達成した。既登と思っていた剱御前がフィナーレとなった。感無量であり嬉しく満悦だったが、その割には淡々としており、山では珍しく2時間かけてゆっくり小舎に16:10戻った。これが最高の贅沢で

あり、ほとんど味わえない満ちた気分であった。小舎広場で夕陽を浴びて若者と写真を撮り合い、逆光の富山平野の雲海や様々な雲の写真を撮った。夕食にほたて貝が出た。山中で珍しく美味しかったが紐が硬くて歯が痛くなった(13日歯科)。ヤッケを着て寝たら夜中に汗掻いた。数日前とは真逆だった。12日2時起、歯磨き朝食して寝直し、3:40起、用意して3:57発、満天の星空だった。富山市街の明かりが綺麗だった。途中ハイマツガレ場で道を間違えたが引き返した。4:50かなり明るくなり5:00新室堂乗越を見付け2390m点まで降りた。5:30立山の東に太陽が出た。3度目にして7:00奥大日岳(2606m)－七福園(大岩散在の見本園)－9:00中大日岳(2500m)－9:40大日岳(2501m)を縦走した。剣岳が何度も見られた。梯子地点や鏡岩など結構急峻な所があった。雲は5時3000mから13時1500mまで下がった。大日平小屋に11:35着でキャンセルし13:40大日岳登山口に下山した。コースタイム9時間35分が休憩込み9時間43分で時間通りだった。称名滝展望台より4回目の称名滝を見てハンノキ滝も写真を撮った。バス称名滝15:00-15:15立山で展示室を約20分見た。

富山(新幹線)かがやき17:06-19:20東京19:40で20:45無事帰宅した。

日本百高山達成を妻と帰国中の娘に伝えた。特に妻には心配をかけたが、やっと報われ万感の思いとなった。感謝である。

以上で、一般者から上級者向け登山で登れる日本百高山、すなわち直近まで登ったが、高度な登山技術保持者しか登れない危険な高山(登山道のない赤岩山、登頂禁止の赤岩岳、高度な技術の鋸岳)を除いて日本百高山を踏破した。真に感激であった。以降、百名山の最高点に登っていない2山に登る事にした。

2018年9月17～20日(飯豊山(本山)-大日岳)：(車)17日つくば10:10発、高速会津坂下で出て農山道を通り、飯豊神社参拝。16:00川入・御沢キャンプ場(535m)着。丁度雨が降り出しイヌブナ樹下に駐車し福岡の柴田氏と登る事にしたが21時頃まで本降りの雨で心配した。朝方まで樹雨だったが夜中には星が出ていた。18日3時起き、4時出発、満天の星空、漆黒・道濡れの中、防水ズボンで登った。夜明後、上十五里で彼と別れた。彼が下山中、すれ違ったらしいが気付かず。横峰(1334m)からの剣ヶ峰は岩場が長く、鎖で越えた。

三国岳(1644m)－種蒔山(1791m)－草草履(1908m)を越え、御秘所の岩稜は東側が切れ、鎖があった。上天気で素晴らしかった。大日岳の斜面には少し残雪があった。13:40飯豊本山小屋・飯豊山神社着、コースタイム10時間10分が9時間40分だった。夕食泊4000円マット100円、16:30夕食のカレーを中華丼にしてもらった(渡辺氏)。自分の水で歯磨、右側2番目で18時には寝たが、寒く何回も服を増やした。長袖下着を着なく失敗だった。強風低温のトイレに何回も行き、夜は貧乏揺すりで寒さに耐えた。19日3:45起き(3:30以降起床規則)、4:30発、暗中、広いガレ場で注意して②飯豊山(飯豊本山2105m)に登り駒形山(2038m)を下って緩い草原(夏はお花畑)を通って御西岳(2013m)を越えて大日岳(口絵写真21)に挑んだ。御西小屋からの82歳高齢夫婦(前日後先で競う)に抜かれたが、守り神の大日如来を祀る念願の飯豊山(大日岳2128m)8:40着。コースタイム3時間45分を暗闇で4時間10分、頂上には4人いて写真を撮ってもらった。360度見渡せ最高の景色で会津磐梯山・吾妻山等が遠くに見えた。先に高齢2人が下り御西小屋で追い越した。飯豊本山で中年2人に頼まれ写真を撮り合い、2人と飯豊本山小屋に戻り荷物を受け取り、水1リットル400円で補給し下山した。本山辺りで大日岳に雲が出て来た。13:30飯豊切合小屋着、コース9時間20分が9時間で早かった。可能なら三国小屋まで下ろうと思っていたら丁度高齢2人が来て聞くと、避難小屋なので無連絡でも泊まれるが「夕食なし」で観念した、その頃怪しい雲が低く垂れ込め降りそうなので切合小屋泊は正解だった。2食付7500円(夕食3人)、寝袋・マットを借りた。カレーが出たが牛肉丼・サンマ缶詰・玉葱味噌汁に変えてくれた。左2階右奥で昼は暖かかったが夜は冷えた。明日の天候が懸念されたが午前中は曇りと聞いた。夜には低い雲は消え下界の明かりも見えた。借りた寝袋でも寒く服を着増してトイレ複数回で貧乏揺すりして朝を待った。20日4時起き、5時まで寝袋内にいて30分早く頼んでいた朝食(2人)は生玉子・味噌汁で美味で体力回復に寄与した、不備な朝食だときつかったろう。5:30発、晴天で雲海が見えた。種蒔山を越え三国岳・避難小屋で同宿団体を追越した。剣ヶ峰でストックを片付けて三点支持で安全地点に下りた。峰秀水で団体に

抜かれたが抜き返し別の1人も横峰付近で追越した。下山中、曇天になったが雨は降らず、11:00御沢着。高齢2人に宿泊場所は2日共違うのに奇遇にも5度以上会った。切合小屋で別れる時に翌朝早く出て追付いてと言われたが、距離があるのでそんな事はあり得ないと思っていた。最後に追付き驚いた。5時間40分コースが10分早かった。コースタイムは30kgの荷物を背負った昔の人の時間だそうだ。前回(2016年7月)登山は相当の時間的余裕があったが、今回は全般に休憩込みで時間通りなので体力の衰えを感じた。11:30御沢発、有名な喜多方ラーメンを食べ13時頃会津若松で高速に入った。雨は14時頃に降り始め15時頃三春付近で本降りになり、休み休みで18:45帰着した。

2018年10月8〜9日(阿蘇山(高岳))：8日バスつくば4:47-6:10羽田6:50-8:35阿蘇くまもと8:56-10:00阿蘇10:30-11:05阿蘇西着。バスを降りて登山口を聞くと火山ガスで車は通行止だと言う。登山は可能だが案内が悪く遙々来たのに絶望かと思った。駐車場内で別の係員に聞いて良かったが、さらにゲート係員の不明確回答で15分戸惑い11:20発、阿蘇西を出て砂千里ヶ浜の砂漠地から登り始め中岳の火山弾の急斜面を登りきってやや上下のある尾根筋を北に歩き、少し横道の中岳(1506m)に1時間30分で登り、雄大な殺伐とした火山を眺め写真に収めた。火口からは白い煙が多く出ていた。中岳から35分で阿蘇最高点の阿蘇山(高岳1592m)に登り写真を撮って達成した事で満足した。さらに往復40分で火山壁上を伝い天狗の舞台下を通って高岳東峰(1580m)に登ったが、急ぎ戻る時に天狗の舞台(1564m)の上に出て引き返した。登る時はかなり多く下る人に遭ったが2人に抜かれ抜きで、帰りは1人に遭ったのみで約10人団体を2組抜いた。中岳から下る時、遙か彼方の西駅に出るべく歩いた。多分風が変わり火口展望台に登れるようだったが登らず歩道を急ぎ下った。間に合わないと思ったら建物が見え5分前に着いたので2階を見物し、後方の阿蘇神社を見てバスに乗った。全コースタイム4時間15分が10分越え程度で、絶えず急ぎ歩いたので時間的には早かった。15:50-16:20阿蘇駅着、16:50発が25分遅れ、要町(大分)は19:13が19:30頃着だった。駅前のオリックスレンタカーに行き、賃料約1200円、

ホテル駐車料が800円高くなるが約6600円で1日借りた。Hエリアンワン大分は一方通行で大回りした。9日4:15発、高速大分－別府－宇佐で出て、暗い中を宇佐神社に行き、鳥居横に車止めてかなり歩き本殿手前でお参りした。国東半島を北回りで伊美港に着き、7:30フェリーに片道2470円で乗り姫島に約20分で着き、直ぐ東回りで矢筈岳南部の海食崖・鷹の巣から姫島灯台、金溶岩・拍子水、かねつけ石、逆柳、アサギマダラ蝶中継地のフジバカマ花に来た蝶を見て、浮洲(満潮)を眺め、城山火山の観音崎火口跡、斗尺岩、乳白色の黒曜石(国の天然記念物)、千人堂を見て、達磨山火口を利用した車えび養殖池を見た。おおいた姫島ジオパークへ行きビデオを見て、ジオパーク(7火山、4島合体)等を知り、担当者と魚付林等を話して、大海のコンボリュウートラミナを見て11:35のフェリーに乗り伊美港12時着。しばし休むが適当な観光地がないので大分空港に14時に行き早く車を返した。予定19:15を2便早く14:40-16:10羽田、東京17時で18:20帰着した。

11月13日(筑波山)：バスで筑波山神社に正式参拝をして巫女の踊り儀式を拝見した。ケーブルカー(往復)で御幸ヶ原に行き、自然研究路で立身石と紫峰杉を見て筑波山・男体山に登り、かなり色づいた紅葉狩りをしてバスで15時帰着した。20回目の筑波山だった。

以上、飯豊山は本山に登ったが最高点の大日岳は登ってなく、阿蘇山は2回登っていたが最高点には登らずだった。この大日岳・高岳でめでたく日本百名山を完全踏破した事になった。喜ばしい限りである。

2018年は2・3年前の70・80山にはとても及ばないが昨年の25山より多く、45山に登った。なお、2018年の天候は概して不順だったが、登山回数が少なかったため、天候の良い時期を選んで登山した事で激しい気象現象には遭わなかったとは言え下山時の強風・雨・霧と高地での低温・霜が特徴的な経験だった。

4. 日本百名山・百高山・真木の百名山のまとめ

最初は高校生の時の石鎚山登山で、山の苦難と達成感を味わい、山の雰囲気を知った。1960年7月石鎚山(天狗岳)－瓶ヶ森(縦走)、1962年7月瓶ヶ森、8月石鎚山－瓶ヶ森

（縦走）、1963年7月富士山(剣ヶ峰)、8月石鎚山(天狗岳)だった。

1964年1月成人になり、3月中国・九州、7月東北・北海道の1人旅をした。1964年20歳の大学3年以降は単独登山がほとんどで、1965年から本格登山も始めた。1964年8月石鎚山(天狗岳)－瓶ヶ森(縦走)、1965年8月奥穂高岳－前穂高岳、燧岳(俎安嵓)－至仏山、1966年8月阿蘇山、10月九重山(中岳)、1968年7月大菩薩岳、1974年10月立山(大汝山)－真砂岳－別山－(縦走)、1977年2月筑波山、1978年6月大雪山(旭岳)、10月八幡平、1979年8月谷川岳、9月北岳－間ノ岳－農鳥岳(縦走)、草津白根山(本白根山)、1980年7月八甲田山、8月槍ヶ岳－大喰岳－中岳－南岳－北穂高岳－涸沢岳－奥穂高岳－前穂高岳(縦走)－乗鞍岳で本格登山が多くなった。

1983年8月那須岳に登ったが、仕事(研究)の多忙さと、特に1983年10～12月(39歳)の開腹手術で激減した。やっと1986年7月剣山、1987年10月石鎚山(天狗岳)に登ったが、つくばでは外国出張等が多く3年振りに1990年8月筑波山に登ったのみで、4年間なかった。以降、仕事・研究との関連で、車で近くまで行ける山に登った。1994年7月筑波山、8月八甲田山、11月美ヶ原、1995年3月赤城山－榛名山、8月瓶ヶ森－石鎚山(弥山)、1996年7月蔵王山(熊野岳)、8月筑波山、10月乗鞍岳(畳平)だった。

つくば(農環研)では、思い切って屋久島・宮之浦岳を登山目的で登った以外は出張との関連で登り、1997年3月宮之浦岳、4月蔵王山、6月瓶ヶ森－石鎚山(天狗岳)、1998年5月蔵王山、7月奥白根山、10月丹沢山、吾妻山だった。

松山への転勤で中四国の山行が増え、1999年8月大山、11月木曽駒ヶ岳(千畳敷)、2000年6月寒風山－瓶ヶ森、6・11月石鎚山で、車で近くまで行ける山に登った。

2001～2006年は福岡(九大)にいたため九州の中標高の山が多く、2004年4月に阿蘇山に登った。そして2005年10月に就任した日本学術会議会員の多忙の中でも、2005年9月に25年振り本格登山の立山(大汝山)－真砂岳－別山－剱岳(縦走)、2005年10月・2006年5・10月祖母山、2006年6月九重山(中岳)、8月白山(御前峰)、2007年8月駒津峰－甲斐駒ヶ岳－仙丈岳(縦走)、2008年7月筑波山で本格登山は年1回程

だったが、さすがに多忙となり山行は減少し、2009年8月に車で登った大台ヶ原以外、5年間なかった。

2011年9月筑波大で、日本学術会議会員が終わり連携会員に変わって任務も幾分減少し、余裕ができて登った夏山は、2012年7月乗鞍岳、8月八ヶ岳(赤岳－横岳－硫黄岳)(縦走)、9月御嶽だった。

しかし、2011年12月と2012年10・12月の腸閉塞で、2013年1月癒着開腹手術を受けた。手術は冬季で回復は遅かったが春季に急速に回復し、4・6月筑波山、6月尾瀬ハイキングである程度自信を付け、早くも夏季から本格登山を再開した事は我ながら驚いた。7月悪沢岳－荒川中岳－赤石岳(縦走)、8月聖岳、塩見岳、11月筑波山、その他で、2013年は18山に登り、名山・高山を究める目的を持つ事で、本格的な登山が急激に増え、引き続き2014～2018年に集中的に登山をした。

2014年は6月筑波山、白馬岳、7月八幡平、祖父岳－鷲羽岳－水晶岳(黒岳)－野口五郎岳－三ツ岳(縦走)、8月西穂高岳、小蓮華山－白馬岳－杓子岳－白馬鑓ヶ岳(縦走)、薬師岳、9月燕岳－大天井岳－東天井岳－横通岳－常念岳(縦走)、11月榛名山で、2014年はその他を含めて30山に登った。

2015年は1月筑波山3回、5月岩木山、6月筑波山、丹沢山(蛭ヶ岳)、7月木曽駒ヶ岳－三ノ沢岳－檜尾岳－熊沢岳－東川岳－空木岳(縦走)、トムラウシ(山)、7～8月黒部五郎岳－三俣蓮華岳－双六岳－抜戸岳－笠ヶ岳(縦走)、8月爺ヶ岳－鹿島槍ヶ岳、小蓮華山－白馬岳－旭岳(縦走)、間ノ岳－農鳥岳－広河内岳(縦走)、龍王岳、9月仙涯嶺－南駒ヶ岳－空木岳(縦走)、霧島山(韓国岳)－開聞岳、八甲田山(大岳)－岩手山、鳳凰山(薬師岳－観音岳－地蔵岳)－高嶺(縦走)、赤城山(黒檜山)－武尊山－皇海山、10月男体山、雲取山、大菩薩岳、両神山、安達太良山－吾妻山－磐梯山、草津白根山－四阿山、11月伊吹山－大峰山(八経ヶ岳)－大台ヶ原山(日出ヶ岳)、荒島岳、天城山(万三郎岳)、2015年は半年間で最高の80山程に登った。

2016年は5月筑波山、恵那山－蓼科山－霧ヶ峰(車山)－美ヶ原(王ヶ頭)、瑞牆山－金峰山－甲武信岳、草津白根山－浅間山(黒斑山)、6月苗場山－魚沼駒ヶ岳－巻機山、早池峰、平ヶ岳－会津駒ヶ岳、月山－大朝日岳、焼岳、7月鳥海山、飯豊本山、

後方羊蹄山－十勝岳、五竜岳－唐松岳、利尻岳、火打山－妙高山、8月幌尻岳、光岳－上河内岳、高妻山－雨飾山、塩見岳－蝙蝠岳－烏帽子岳－小河内岳(縦走)、祖父岳－水晶岳(黒岳)－赤牛岳－三ツ岳(縦走)、9月雌阿寒岳－斜里岳－羅臼岳、那須岳(三本槍岳)、12月筑波山で70山程に登り、日本百名山を達成した。

2017年は5月寒風山、八ヶ岳、6月アサヨ峰、7月八ヶ岳(権現岳－阿弥陀岳)、蝶ヶ岳、鋸岳(熊穴沢ノ頭)、間ノ岳－農鳥岳－広河内岳(縦走)、8月蓮華岳－針ノ木岳－スバリ岳－赤沢岳(縦走)、小太郎山－北岳、9月聖岳、将棊頭山－木曽駒ヶ岳、樅沢岳、12月筑波山。2017年は縦走を伴う登山日数のかかる高い難関の山が多い事と夏季の天候不順や多残雪、特に山での怪我、日程・体力・気力で踏破数は25山に減少したが百高山は87山に達した。

2018年は難しい山が残っており厳しい状況であった。2・3・5月筑波山、7月聖岳－兎岳－中盛丸山－大沢岳－中盛丸山－兎岳－聖岳(縦走)、間ノ岳－安倍荒倉岳－新蛇抜山－北荒川岳－農鳥岳－広河内岳－大籠岳(縦走)、8月黒河内岳(笹山)、西岳－赤岩岳－赤沢山(縦走)、祖父岳－

南真砂岳－野口五郎岳－三ツ岳(縦走)、鋸岳、9月別山、剱御前、飯豊本山－飯豊山(大日岳)(縦走)、10月阿蘇山(高岳)、11月筑波山だった。

以上で、日本百高山を踏破・達成した。また、日本百名山は最高点に登り完全踏破した。

登山はほとんど(98％)が単独行であり、最高点踏破年を基準にすると、大半(8割)が心臓の身障者(78％)および70歳(76％)になって以降だった。

百名山(名)・百高山(高)の達成(登山の早い順で必ずしも最高点踏破ではない)を年代順に見ると1960年：名1でスタートし、1970年：名8高3、1980年：名17高16、1990年：名19高16、2000年：名24高17、2010・2011年：名29高22、2012年：名31高26、2013年：名35高31、2014年：名40高47、2015年：名67高68、2016年：名100高75、2017年：高87、2018年：高100だった。2013～2018年に集中し、新たに約130山、複数回を入れると約180山に達した。一方、4年以上の空白期間は1969～1972年、1991～1995年、2000～2004年、2008～2011年だった。

5. 登山と天候・事故・計画・食事・持物関連

（1）登山と気象・天候との関連

　気象的に厳しい高山の登山は、雨・風・気温・雲・霧等の種々の気象現象に影響される。例えば強風と低温では体感的には寒く感じるため、強風と低温の両項目に記した。気象的に厳しい場合のみを選定した。

　【1】雨との関連性：雨（霧・風）で苦労した厳しい登山状況は①〜⑩の10回に及び、その内ずぶ濡れは8回あった。年代順に拾い出すと、1964年3月：霧島山の大浪池は雨のため中断した。1965年8月17日：穂高岳山荘からの登頂は雨で延期し18日：奥穂高岳に登った。1974年10月3日：浄土山から立山付近でびしょ濡れになった。1978年10月27日：八幡平は雨だが紅葉が綺麗だった。1980年7月15日：八甲田山展望台から雨・霧の中で眺望した。1980年8月2日：富士山では上層は晴天だが下層は雲海で霧雨だった。①1980年8月23日：槍ヶ岳登山で一時陽も射したがずぶ濡れになり雨中の雪渓も歩き寒さで手痺れ足引き攣るが槍ヶ岳山荘に辿り着いた。1996年7月20日：蔵王山・刈田岳の尾根では御来光と滝霧が見えたが上層快晴・下層雲海で下界はヤマセ霧・小雨だった。②1997年3月29日：宮之浦岳踏破翌日淀川小屋を雨中に発ち強風大雨でずぶ濡れで下山し初体験の大粒の強雨の中で千尋の滝を見た。③1997年6月3日：伊予富士－東黒森－瓶ヶ森の後は雨で中断しずぶ濡れで土小屋に下り車中泊した。1998年7月4日：奥白根山は暑さで目眩がし、下山の最後は雨に濡れた後に戦場ヶ原も雨でいろは坂では猛烈な雷雨に遭った。1999年8月24日：大山上部は坂が緩く風が弱いため雨中を傘を差して登った。2000年6月1日：寒風山は風・雨・霧だった。6月17日：石鎚山登頂後車中泊したが雨で面河渓谷の新緑は捲土重来とし、7月1日：新緑を見た後雷雨になり面河山岳博物館を見た。2005年9月24日：立山は晴天だが下層は雲海で雨だった。④2007年1月5日：屋久島・白谷雲水峡は雨・大雨でレインコートの中まで濡れて寒く、6日：ヤクスギランドの雨中を回遊して屋久杉の長命巨樹を多数見た。2012年9月15日：御嶽・摩利支天山に登り小雨で下方に珍しい丸い虹が見られ感激した後に天気は目まぐるしく変わり寒くなり小屋に戻ると本降りになった。⑤2013

年7月24日：前岳で雨がポツリと来てから荒川岳－悪沢岳間で本降りとなり中岳は風雨の中を歩き雨具カバーが風で外れて帽子が濡れ悪沢岳付近では濡れた帽子の水が首に入り頭首が冷え継続歩行の苦難を体験した。2014年6月30日：白馬岳の雪渓上部で小雨に遭い雨中を頂上に登り白馬山荘に泊まった。⑥2014年7月27日：真砂岳付近から暴風雨となり野口五郎岳近くで西風の吹き上げ強風雨でキルティング縫目から浸込みズボン内も濡れて冷え野口五郎小屋に避難し泊まった。2014年8月5日：小雨で西穂山荘に着くが直登は制止され6日：雨・霧中に発ち独標の急坂では本降で風も出たが急峻な痩せ尾根を登り西穂高岳に到達した。2015年6月14日：丹沢山を発ち蛭ヶ岳近くで小雨に遭った。2015年7月13日：檜尾岳でかなりの雨に遭い熊沢岳を経て木曽殿山荘にやっと辿り着き夜中強風雨だった。2015年7月24日：トムラウシの出発直前の雷雨は気になったが頂上到達後の帰着直前に霧雨となるも本降りを神業的に逃れた。2015年8月18日：白馬大池から雨になり小蓮華山は霧雨で白馬岳着後の旭岳は雪渓で霧だったが瞬時晴れ頂上が見え登った。2015年8月29日：雨中を室堂山－浄土山から龍王岳に登り一ノ越に下り雨中・有毒ガス中を雷鳥沢ヒュッテに泊まったが30日：雨で大日岳を断念した。2015年9月27日：赤城山の御黒檜大神経由で小雨の中を黒檜山に登った。2015年11月12日：大台ヶ原山は霧・小雨で展望台からは視界なく東大台コースを正木嶺から回った。2015年11月17日：荒島岳は霧で視界なし風も強く霧で地面が濡れ急ぐと4回も滑り下山後雨だった。2016年5月30日：白根火山ロープウェイの本白根山は立入禁止で登山道最高点2150mまで行き鏡池に下りたが霧で見えず。2016年6月15日：早池峰は霧雨の中を小田越まで歩き賽ノ河原を経て早池峰に登った。⑦2016年6月23日：大朝日岳は古寺山から雨になり雪渓を越えて頂上に着き財布まで濡れ、ずぶ濡れで身体が冷えるので休まず低体温症に成り兼ねなかった。2016年6月26日：焼岳では雨は止んだが樹雨は降り泥濘・水溜まり・谷川状もあったが焼岳登頂後に滑って一回転した。2016年7月17日：火山ガスが臭う中を十勝岳の火口を幾つか見た後は小雨数回だが本降りにならず。2016年7月30日：火打山頂上で降り出

しずっと雨、31日：大倉乗越で黒沢ヒュッテに下り林内では大粒の雨になり樅原生林の木道を下りた。2016年8月15日：雨飾山から下る時に雨が降り出し森林帯で余り濡れなかったが丁度車に着いたら本降になった。⑧2016年8月20日：蝙蝠岳に着いた後ずっと雨が降りかなり強い風で難儀しずぶ濡れで常に動いて体温低下を防ぎ塩見小屋に着いたが靴内は水で溢れザック底で替え靴下も濡れた。2016年8月24日：折立から太郎平に着くまでに何回かパラつき雷も鳴り、26日：野口五郎小屋に行く途中に雨がパラつき着いた途端に強雨になり、27日：雨中発で三ツ岳は霧雨だった。2016年9月1日：雌阿寒温泉に向かう途中に強い雨脚と陽も射したが樹雨で雨具を着けて登ると雌阿寒岳は霧だった。2017年7月7日：樹雨が降り山道は水浸し阿弥陀岳の急坂で雨がパラついたが本降りにはならず頂上は霧で視界なかった。2017年7月16日：鋸岳を間違えて熊穴沢に入り登る途中に雨がパラつき中ノ川乗越から熊穴沢ノ頭に登った後も徒渉中に雨が数回パラついた。⑨2017年7月23日：出発間もなく霧で雨具を着け、間ノ岳は強風・雨・霧で道間違えたが農鳥小屋に着くが寒く、24日：雨具を着て強風霧の中で農鳥岳を越え風霧も弱くなり広河内岳に登ったが霧で迷った直後に霧が少し晴れ偶然人が見えて分かった。2017年9月20日：強風・霧の中で駒飼ノ池・濃ヶ池を越え西駒山荘に着き暴風・霧の中を将棊頭山に登ったが霧で何も見えず夜は雨で星も見え風が激変した。⑩2018年9月7日：剱御前小舎から室堂の下山時に雨・霧と強風でほぼずぶ濡れになり寒かった。

【2】強風との関連性：1986年10月22日：石鎚山・天狗岳・南先鋒・鉄砲岩は絶壁と強風で怖かった。1995年8月24日：石鎚山登頂後の天狗岳は強風・霧で中止した。②1997年3月29日：屋久島・淀川小屋からの下山中は強風と大雨だった。⑥2014年7月27日：真砂岳－野口五郎小屋間は暴風雨で避難した後で強風晴天の野口五郎岳に登った。2014年8月20日：杓子岳－白馬鑓ヶ岳間は強風・霧だった。2015年7月12日：檜尾岳－熊沢岳－東川岳と13日：木曽殿山荘間－空木岳間は強風霧で一部雨も降った。2015年8月8日：布引山－鹿島槍ヶ岳で強風と低温だった。2015年10月20日：磐梯山で強風・霧になった。

2015年10月25日：草津白根山で猛烈な強風と霧氷、26日：四阿山で晴天・強風・樹氷だった。2016年5月16日：蓼科山はやや強風で寒かった。2016年8月11日：上河内岳では毛帽子とヤッケ姿で出たが尾根筋は強風で寒かった。⑧2016年8月20日：塩見岳の尾根は風が強く蝙蝠岳からの降雨と風で難儀した。2017年5月4日：寒風山は霧で天気が悪く寒風だった。⑨2017年7月23日：北岳山荘－間ノ岳－農鳥小屋と24日：農鳥岳－広河内岳間は強風・霧になった。2017年8月24日：北岳－北岳山荘は強風、25日：尾根筋も未経験の強風で歩行不能で挫折し下山時の八本歯は強風・霧だった。2017年9月20日：宝剣山荘－西駒山荘－将棊頭山は強風・霧、21日：西駒山荘－木曽駒ヶ岳は晴天・強寒風・霜柱で非常に寒く顔が凍えそうだった。⑩2018年9月7日：剱御前小舎－室堂の下山で強風と雨で大濡れした。

【3】気温との関連性：夏山登山は下層域では概ね高温だが高山では夏季でも相当低温になる。特に雨・霧に強風が加わると寒くなる。

○低温・寒さでは、1963年7月20日：富士山頂の低温と下山中の高温で軽い目眩がした。1979年9月9日：北岳・農鳥岳の下層は暑かったが稜線に出ると寒く手袋が必要だった。1994年11月26日：鈴鹿山脈の御在所岳に登り寒かった。2000年6月1日：寒風山で雨・霧で寒かった。2001年1月12日：防寒具を忘れ低温の乾燥雪の中で石鎚神社成就社を往復した。2006年6月10日：九重山は新緑が綺麗だったが風が強く寒かった。2007年1月5日：屋久島・白谷雲水峡の大雨で雨具の中まで濡れ寒くなった。2009年9月27日：藻岩山は風が強く寒かった。2012年9月15日：御嶽では摩利支天山の小雨で丸い虹を見た後で天気は何度も変化し寒かった。2013年8月11日：聖岳で汗を掻いた後に風が強く寒くなり手袋もした。2013年8月21日：天狗岩の尾根筋から風で寒くなりヤッケを着て塩見岳に登った。2014年6月30日：白馬岳雪渓の雪面の低温で足が一時引き攣った。2014年8月29日：薬師岳山荘－薬師岳に登ったが手袋なしは寒かった。2015年8月8日：布引山－鹿島槍ヶ岳で強風と低温で耳が痛くなりヤッケとカッパを着た。2015年9月29日：皇海橋を渡った所で寒かったが服を着ず人を待って皇海

山に登った。2015年10月7日：雲取山では昼間汗だくだが後で寒くなり雲取山荘はストーブがあり夜は寒く毛布を敷いた後で野外の休憩場で霜を見た。2015年10月12日：大菩薩峠で少し風があり寒かった。2015年10月19日：西吾妻山のリフト3回は長く寒くヤッケを着て手袋もした。2015年10月26日：四阿山は強風・低温の中を順調に登ったが積雪が10cm程あり寒かった。2016年5月16日：蓼科山の頂上はかなりの強風で厚・薄シャツでは寒く美ヶ原では向かい風だった。2016年5月31日：早朝寒かったが5時発で浅間山の黒斑山に登りカモシカに遭遇した。2016年6月3日：苗場山で前日の強風・低温・霧氷で樹氷が凄かった。2016年6月20日：会津駒ヶ岳は雪がかなりあり一時太陽を見たが霧と風で寒くなり身体が冷え手袋をしても寒かった。2016年6月23日：雨で身体が濡れて冷え雪渓を通り大朝日岳に着くがずぶ濡れで低体温症が心配された。2016年7月4日：鳥海山・御室小屋は夕食が悪く夜寒くて次々服を増やすが寝床は外気も入り大変寒かった。2016年8月11日：上河内岳に電灯を点け毛帽子とヤッケ姿で出たが尾根筋は強風で寒かった。2016年12月30日：冬の筑波山は寒かった。2017年5月4日：寒風山は霧・寒風で寒かった。⑨2017年7月23日：間ノ岳で強風・雨・霧で農鳥小屋に着くがトイレは強風の中で寒く、24日：雨具を着け強風・霧中を発ち農鳥岳を越えた。2017年8月2日：北岳の雪渓風と蒸発霧で寒くヤッケとズボンに水滴が着くが体は少し汗を掻いた。2017年9月9日：聖平小屋の寝床は入口直ぐで外気が入り寒かった。2017年9月21日：風向激変の突風が吹き強風でも霜柱が立ち顔は寒くマスクをかけ耳は毛帽子で被って木曽駒ヶ岳の馬ノ背を登った。2017年12月30日：冬の筑波山は寒かった。2018年8月17日：折立－太郎平は低温とやや強風で寒・暑が複雑で、18日：朝は弱風で木道・植物葉は見事な真夏の霜で驚いた。⑩2018年9月7日：劍御前小舎から室堂に下山中に強風雨・霧でずぶ濡れに近く冷えた。2018年9月6～7日：劍御前小舎で夜朝に強風・すきま風が入り寒かった。2018年9月19～21日：飯豊本山小屋・飯豊切合小屋2泊は低温・寝袋で寒かった。

○高温・暑さでは、記述は少ない。そもそも登山すると当然汗を掻く程

暑く普通の事であるため、記述回数は限定的になる。なお湿度の事も記述した。

1960年7月：西条高校生の時に暑い夏の日の早朝に徒歩で西条市西之川から登り始め汗だくになり喘ぎ喘ぎ石鎚山に登った。1963年7月19〜20日：富士山の低温と下山時の高温で目眩がした。1968年7月21日：大菩薩峠から大菩薩岳に登ったが朝は涼しく昼間は非常に暑かった。1979年9月9日：北岳登山で下層は暑かったが稜線は寒かった。1998年7月4日：奥白根山で35℃の高温で少し目眩がして下山末期に雨に濡れた。2005年9月23日：真砂岳－別山を通って剣山荘泊で夜は満員で暑く窓を開けた。2014年7月25日：折立－太郎平で森林帯は濡れて高湿度で風はなく蒸し暑かった。2014年8月28日：折立からの樹林帯は暑くきつかった。2015年6月13日：丹沢山は霧でみやま山荘泊は暑く窓を開けると寝られた。2015年9月22日：鳳凰山の薬師岳小屋は最初涼しかったが人熱れで暑く息苦しかった。2015年7月30日：折立－太郎平3回目で蒸し暑かった。2015年8月1日：笠ヶ岳はガンガン照りで暑く木陰で弁当を食べ休息して助かったが夜は1布団に2人で暑かった。2015年8月8日：鹿島槍ヶ岳では朝は寒かったが冷池山荘から暑く種池山荘で冷たいジュースを買って飲んだ。2016年8月3日：幌尻山荘の2階板間は暑く寝袋内も暑く汗は乾かず着替えて寝られた。2016年8月11日：茶臼小屋から下山し沼平ゲートまでの炎天下の車道歩きは暑かった。2016年8月19日：塩見小屋の寝床は3人の真中で天井裏の余熱で暑かった。2016年8月26日：昼間は天気良く暑く水晶小屋泊は2階で暑く寝苦しかった。2016年9月27日：暑い炎天下に中の大倉尾根から三本槍岳に登った。2017年7月7日：早朝の雨が快晴の暑いガンガン照りとなり急坂を阿弥陀岳に登った。2017年7月22日：北岳山荘では人熱れで暑く2回窓を開けた。2017年9月24日：樅沢岳登山で鏡平山荘に着いたが21日の木曽駒ヶ岳の寒さと逆に暑さで疲弊した。2018年7月14〜16日：聖岳－兎岳－中盛丸山－大沢岳、7月23〜25日：間ノ岳－農鳥岳－広河内岳－大籠岳－白河内岳(23：熊谷で41.1℃)、8月1〜2日：西岳－赤岩岳－赤沢山は長期間の連続晴天で非常に暑かった。8月18・19日：水晶小屋・烏帽子

小屋の夜は暑く寝苦しかった。

　2016〜2017年の百高山・百名山・真木の百名山における体感としての雨・霧・強風・低温・高温の気象を登山1回当たりの発生数の比率で示す。1回の登山で1〜4日の発生数で示すため比率は高い。登山回数35回(1日11回、2日17回、3日5回、4日2回)の中に、雨は11回31％(樹雨含14回40％)、霧22回63％、強風9回26％、低温14回40％、高温8回23％であった。高温の半分は小屋での就寝時であり半分は炎天下の高温である。登山では当然汗を掻くため特別な暑さのみにした。

　登山日数は、先の1〜4日の35回では69日に相当し、雨は14日20％(樹雨含16日23％)、霧26日38％、強風13日19％、低温14日20％、高温10日14％(寝床の高温4日6％)だった。回数当たりよりも日数当たりの割合は65、60、73、50、61％で平均62％に減少した。

　2018年では登山10回(1日3回、2日2回、3日2回、4日2回、5日1回)で日数では26日になる。雨(霧強風)1回、霧4回、強風2回、低温(昼)2回、低温(夜)3回、高温(昼)4回、高温(夜)1回だった。雨(霧強風)1日4％、霧4日15％、強風2日8％、低温(昼)2日8％、低温(夜)4日15％、高温(昼)4日15％、高温(夜)2日8％、特になし7日27％だった。2018年は天気の良い期間を選んだため、雨・霧が非常に少なかった。

　2016〜2018年の全登山日数は95日になる。体感気象は、雨15日15％、霧30日30％、強風15日15％、低温(昼)20日20％、低温(夜)4日4％、高温(昼)10日10％、高温(夜)6日6％だった。なお同日に複数の現象が起こると日数当たりでは100％を越えるため、現象の比率で示した。

(2) 登山と怪我(外傷)・病気との関連

【1】怪我(外傷)関係：1997年3月30日：屋久島でヘゴを獲る時に滑り、頬・上腕・脛・手の平を擦り剥き、血も少し出て眼鏡も曲がりレンズが外れ破損した。

　2014年3月20日：つくば梅園交差点横断中に軽四の代行車に足を轢かれ跳ね飛ばされる交通事故で足小指を骨折したが6月に<u>筑波山</u>・<u>白馬岳</u>登山をした。回復に1年かかった。

　2015年11月4日：山行等で焦り並木駐車場の停止盤で転倒し顔面・顎強打充血、手・腕・肩・腰(右骨盤)の全身打撲を負って登山を延期した

が、10～12日大峰山・大台ヶ原山、16～17日荒島岳に登った。

2015年11月21日：天城山で1m高の岩を脛で乗り越えた際、お皿を打撲した。行く前から痛かったが、2病院で治らず真木クリニックで膝を休ませる指示が出た。痛みは1年で取れたが以降曲げは悪い。

2017年6月24日：広河原－アサヨ峰の途中、斜石で左足を滑らせ、右足を痛めた。老化による転倒打撲と鞭打ち症で首も痛めた。

2017年8月10日：北岳大樺沢二俣下で立木に額を当て後方転倒し、額打撲・鼻軟骨骨折・鼻血・鼻筋出血の重傷を負い、山梨県中央病院に救急搬送された。

足痛・引付(痙攣)、足爪充血・マメはよく起った。

虫刺され：2018年7月16日：聖平小屋でアブに右首後方を刺され硬い瘤ができた。7月22日：御池小屋手前でブユに左耳を刺され耳が大きく腫れ痒かった。

【2】病気関係：1963年7月20日：富士山3776m登頂後、高低の気温差で目眩がした。

中国では1996年9月10日：青海省・崑崙山口4772m(著者の最高度)到達後下山したが、夜にホテル(3000m)で激頭痛の高山病に罹った。

1999年11月10日：ロープウェイ急登後、木曽駒ヶ岳千畳敷から直ぐ歩き始めたため2650m付近で一時的に軽い高山病に罹った。

高山病以外の山での病気は、頻発の便秘・軽い腹痛(下剤による下痢)・軽い頭痛・風邪気味程度で怪我と比較すると非常に少なかった。体調管理に気を配ったためだろう。山小屋ではマスクをする事が多い。

(3) 登山と計画・変更事例との関連

登山は前述の通り、高校生の時に石鎚山に登り、山に惹かれて行った。その内に日本百高山、日本百名山を踏破したいと思うと共に、真木の百名山も加えて、山行を加速・継続した。特に2014年からは活発・頻繁になった。

登山は、まず行きたい山、印象的な山に登ろうと思う意思が先行して計画を立てた。地図、山のガイド本、写真を見て計画を進めた。以前は地図と若干の説明書を見て計画を立てたが、最近はインターネットで調べてガイド・地図等々の情報を集め計画を立てて目的を持って登るが、綿密な計画を立てる事はむしろ少なかった。天候が影響する事も多く、交通・

車の問題もあり、交通手段が重要であった。

　かなり多くの公共交通機関を利用したが、登山の場合は山奥に入るために、とかく車を利用する事が多く、レンタカーも屢々利用した。百名山では、全国にあるため航空機、列車、バス、レンタカー、自家用車が多かったが、その時に利便性・安全・費用・季節、出発・到着地の場所・時間とスケジュール等々、種々の条件を考慮して判断していた。前泊が必要な事が多く、関東・中部付近では前夜・夜中に発って、早朝登る事も多かった。近年ではできるだけ体に負担をかけないように前泊が多い一方、2018年には車中泊も3割あった。

　登山は出発場所・時間・交通手段・乗り継ぎ・行き先の状況を考慮して計画を遂行して登山口に到達する。特に高山の場合は登りのコースの選択・時間(発着)を検討・選定して登る。地図や案内本にはコースタイムが記述してあるが、種々の理由で速かったり遅かったりする。遅れる時は道間違・ミスが多く関連するが、他には体力低下・疲労・足や体の不調等々の原因がある。状況によって判断・対処する必要がある。

　余り急がないで、マイペースで登る事が重要である。すなわち、幾分広幅でゆっくり歩き、余り休まない。もちろん疲労でペース・状況は変わるが、できるだけ心掛けている。一方、休憩は重要であるが余り長い時間を取らないようにしている。若い時はがむしゃらに登っていた事もあった。頂上では休憩も兼ね弁当を食べる事も多いが、近年では弁当は途中で休憩を兼ねて欲しくなったら食べている。頂上では達成感があり疲れも吹っ飛ぶ。かつ天気が良く、見晴らしが良ければ最高であるが、霧・雨などに叩かれる場合も多く霧は30％、雨は15％であった。頂上では写真を撮っている。人がおれば依頼することも多いが、自動シャッターで撮る事も多い。登頂は小屋の前後で変わる。荷物を少し残して頂上に登る事もあり、頂上を経て小屋に行く事もある。縦走する時は、途中で当然何度かピークを越える。

　宿泊小屋は非常に重要である。疲労を取るには不可欠である。テント泊はしない。種々の条件で、人の鼾で困る事もあるが、眠れなくても体を休めるつもりでおれば、幾分かは眠れる。高山では、特別の理由のない限り早朝の出発である。弁当は重要で朝弁を持参する事が多く、かつそ

の時はライトを点けて歩く事が多いが危険であり緩慢になる。道違いに注意する必要がある。水晶岳では第1・2ピークに行ってしまい時間を取った。鋸岳では道を間違えて第3ピークに登ったなどである。

　行動中は水・食料が重要であり、飲み水は非常に重要である。途中で水が補給できるか、小屋では水が自由な所と有料の所があり、歯を磨くのも気になる事があり、磨かない事や途中で磨く事もあった。トイレは水洗から垂れ流しまである。大便と小便の区別は多い。チリ紙の処理法は、小屋によって異なるが、別箱に入れる事が多く指示通りに注意している。トイレは建物の中が良いが、外の場合も結構多い。トイレまでの距離も問題である。建物内では良いが、聖平小屋では外で寝床から100mだった。加齢のため所謂トイレが近い現象で回数が多く、目が覚めると行っている。一方、便秘が多いため、かなり頻繁になる。

　○登山中の計画変更：登山旅行の出発後、天候・山道の状況や予定日数・怪我・体力・気力・指導等の理由で計画を変更した主要な事例を記述する。

　古くは1965年8月18日：前穂高岳から道を間違え急坂を奥又白池に直下降し上高地に下山した。1995年8月24日：石鎚山登頂後、天狗岳は強風・霧で中止した。1997年3月28日：屋久島の宮之浦岳を踏破し花之江河の高層湿原で思案し前年の台風害のため石塚小屋から淀川小屋に変更した。2013年7月1日：白馬岳からの白馬鑓ヶ岳行きは多量の積雪のため観念して白馬雪渓を下りた。2014年7月27日：水晶小屋出発後の天候急変・暴風雨で野口五郎小屋に避難し夕方野口五郎岳に登った。2015年7月14日：前日からの強風雨・霧の悪天候で空木岳からの南駒ヶ岳－越百山行きを断念して菅ノ台に下山した。8月2日：笠ヶ岳からの南尾根は前年までの雪崩や大雨で荒れた悪路のため止める指導を受け笠新道で新穂高温泉に下山した。8月19日：白馬岳からの欅平行きは前年までの山道の荒廃のため止める指導を受け栂池に下山した。8月29～30日：龍王岳から一ノ越に下り雨の有毒ガス中を雷鳥沢ヒュッテに泊まったが30日：雨で大日岳を断念し下山した。9月5日：越百山－仙涯嶺－南駒ヶ岳－赤椰岳往復の予定を赤椰岳から空木岳越えに変更して菅ノ台に下山した。2016年6月4

日：苗場山踏破後に巻機山予定を先に越後駒ヶ岳に登る計画に変更した。7月10日：飯豊山登山で切合小屋から本山小屋に変更して泊まり1日早く下山した。7月15日：出発当日に長野・新潟の天候が悪いため、北海道の後方羊蹄山－十勝岳に急に大変更した。8月9～11日：光岳行きで速く登れたので横窪粟小屋から茶臼小屋に変更した。光岳は日帰り予定を小屋の指導で変更していたが結局は日帰りし余裕が出て上河内岳に登った。8月21日：蝙蝠岳－塩見岳の帰りに余裕が出たので三伏峠から烏帽子岳－小河内岳をピストンした。9月3～5日：逆順の雌阿寒岳－斜里岳－羅臼岳に変更してかつ1日縮めた。2017年7月16日：鋸岳は徒渉と熊穴沢のルートを間違えて鋸岳頂上に行けず第三高点から下山した。7月24日：農鳥岳から広河内岳までは行けたが以降の天候が不明で笹山に行かず下山した。8月10日：北岳途中の大樺沢二俣手前の転落事故で緊急下山した。8月25日：北岳山荘で暴風・霧のため間ノ岳・熊ノ平方面に行けず広河原に下山した。9月10日：聖岳から兎岳の途中で種々考えた末に急遽断念して下山した。2018年8月2日：ヒュッテ西岳で宿泊から休憩に変更して槍沢ロッヂに連泊し下山した。8月30日：鋸岳は時間・体力不足と危険のため大岩下ノ岩小屋付近から下山した。9月7日：強風雨で剱御前・大日岳は止めて剱御前小舎から下山した。9月12日：剱御前小舎から大日岳を縦走して大日平山荘に泊まらず下山した。

その他の天候・交通・予定時間・スケジュール制約・利便性・体力・気分等による計画変更は省略した。変更・失敗事例は、山行も多い年の2015～2017年に集中しており、特に失敗は2017年に多かった。

（4）登山と食事・食料・水・持物関連

【1】食事・食料・水関係：食事にはあまり拘らないが、空腹で疲れている事が多いため概して美味しく感じ、特に味噌汁は美味しく、緑茶は最高である。身体的に多量の水分補給が不可欠で、多種類の薬を飲む。汗による塩分不足でとかく醤油を多く使う。ただ1つ、嫌いではないが下痢をするのでカレーはほとんど食べない。ルーをかけたのが出ると仕方なくライスを食べカレーは僅かである。山小屋でのカレーの提供頻度を調べると、最近多くなっており、

2016～2017年で7回出ており、普通食は14回でカレーが3割(33％)と多い。2018年はカレー3回、普通食13回で2割、3年間の合計では27％の3割だった。2015年まではカレーの記憶がないが、注意してないか記録がないためだろう。

　都市内や山麓の旅館・民宿は含めず山地の山小屋の夕食に限定した統計だが、山小屋によって食事の質に差があり、聖平小屋(4回、2018年の2回は並)・鏡平山荘・針ノ木小屋・野口五郎小屋は良い方だが鳥海山御室小屋は劣った。北岳山荘ではカレーが出て食べず、特注したら長く待たされた上、お粗末な食事で、宿泊者の多い小屋が却って良くなかった。

　2013年の赤石岳避難小屋や2016年の飯豊本山小屋のようにレトルト食品が増えており質は上がっている。なお、食事前にお握り等を食べ、ご飯が余り食べられない事が数度あったが、以降注意している。

　2016年5月22日：金峰山小屋ではカレー洋食でワインが出たが、カレーは駄目で、ワインは疲れた体には受け付けなく山では飲まないため多分良質の食事だったが、自分には合わず残念だった。2016年7月30～31日：火打山－妙高山の黒沢池ヒュッテで夕食はシチューとコーンスープで美味だったが佃煮のワカサギの骨が口内上部に当たり痛かった。朝食には珍しくナン、ジャム、スープ、コーヒーが出て良かった。2018年7月15～16日：百間洞山の家の豚カツ・そば・野菜の夕食と弁当お握り4個は最高級だった。8月19日：烏帽子小屋はビーフシチュウ、キャベツ、オレンジ、キュウリ、味噌汁で美食だった。

　行程が厳しい山では早朝発つため朝弁が多く、2016～2017年は山小屋の朝弁15回(弁当2食)と小屋での朝食10回で朝弁が60％だった。2018年では朝弁(弁当2食)10回、朝食2回で朝弁が83％と高く、朝食弁当なし(持参のお握り)4回を入れると63％だった。2016～2018年では早立ちの朝弁が小屋での朝食に対して7割(68％)と高かった。

　山での貴重な水は、2リットルのペットボトルと0.5リットル2本(1本小出し用)に非常予備用1本が標準で、これ以上の時には4リットルの事がある一方、以下の場合もある。水は途中で補給できる場合、多くは谷川・水源の水で補給していた。水は絶えず余裕を持って対応しており、小屋で買うことも多くあった。高妻山では

少しきつかった。

　食料では、1日目の昼食は多くは弁当であり、夕食は小屋に依頼している。朝食を小屋で食べる場合は3割と少ない。翌日の昼食は持参の弁当(お握り)の場合があるが、大抵は弁当を依頼してお握りは予備である。かつ朝弁を頼むことが多い。梅干しお握りは3日間持つが、その他は無理で注意する必要がある。レトルト食品は幌尻岳、農鳥岳、飯豊山等で持参し、長くかかる場合の予備食である。パンは補助食で嗜好品はミルク飴をかなり多く持参し糖分を補給している。果物は自作ブルーベリー(最高に有益)・ミニトマトである。その他若干のチーズ・菓子類を持つ事がある。食塩は持参しており時々利用した。

【2】持物(衣類・必需品)関係：帽子2種、衣類(下着1～2枚、ヤッケ2枚、ワイシャツ2枚、ジャンバー・厚手シャツ・キルティングズボン各1枚)、靴下5枚、手袋2～3足、雨具(ザックカバー、カッパ、防水ズボン)各1枚である。手袋はナイロン製に限る。濡れても手で絞れば相当程度寒さは凌げる。なお、靴は重厚な登山靴ではなく、軽快な登山靴(トレッキングシューズ)であり、2010～2018年で3足目である。夏山の雨天では雨具を着けていても汗の湿気が雨具内に溜まるため濡れ、やがて全身ずぶ濡れとなり財布まで濡れる事が時々あった。心臓・循環器の影響で手足に血液が回り難いが、さすがに足は登山靴で靴下3枚履くため、あまり冷えない、手は手袋で寒さを防ぐ、2枚重ねは2度程あった。

　ザック、ストック、携帯電話、サングラス、ヘッドライト、登山地図、ガイドコピー、小屋の電話番号等のメモ、身障者手帳、アイゼン、小道具(糸針、爪切、針金、クリップ、安全ピン、カミソリ、毛抜、紐・細ロープ、マッチ、鍵ライト)、ビニール袋、飲薬(循環器薬、胃腸薬、下剤、ビタミン剤、風邪薬)、目薬、塗薬、湿布貼薬・絆創膏多数、歯磨・歯ブラシ・歯間ブラシ、チリ紙、ハンカチ、小タオル、家・車鍵、財布等である。2017年の怪我以降、ヘルメットを持参し、頭上の立木・岩や転倒時の頭の保護に活用している。持参ザックの総重量は春～秋の夏山登山では約12kgで余り変わらない。最近は保険(モンベル)に入っている。

6．おわりに

登山・山行は高校の時の石鎚山登山が契機であり、長年少しずつ登ったが、手術後かつ退職近くの2013年に一念発起・発奮して日本百高山(国土地理院認定標高順)と日本百名山(深田久弥選定)を踏破する事にした。

体力がある内に登ろうと思って、高さの優る難しい山からと考えたが、2013年1月の手術後になった。

当初2013～2014年は百高山を目指していたが、2014年9月発行の書籍『自然の風・風の文化』のあとがきに「真木の百名山(50高山と形態・気象・特徴的50名山)」を提示した事で、「日本百名山未踏破で真木の百名山ですか?」の誹りを慮(おもんぱか)り、先に百名山踏破に変更した。

百名山・百高山は共に2013年末に30山、2014年末に40山を越えた。2015年に集中的に80山に登りどちらも70山に近づき、翌2016年9月3日の羅臼岳で日本百名山と同時に真木の百名山も踏破した。年に70山登頂し、2016年末には百高山は75山まで踏破した。2017年は諸般の事情で踏破数は少なく25山だったが百高山は87山に達した。

2013年の手術後4年半で一般地図記載高山約200山に登頂しており、2018年の登山は13回で45山に登頂し9月に日本百高山を踏破した。

2013年の手術後5年半で270山、2014～2018年の5年間で250山に登頂した事になる。百名高山全体では登山に約140回出かけ、174山に登った。

複数回の登山は、日本百高山では最高4回で、2回以上を取り上げ、北・中央・南アルプスの順に記す。

4回(登頂回数)：間ノ岳、農鳥岳、聖岳(6回)、

3回：白馬岳(6回)、別山(1回)、祖父岳、野口五郎岳(2回)、三ツ岳(1回)、乗鞍岳(2回)、木曽駒ヶ岳(2回)、広河内岳(4回)、八ヶ岳(赤岳、横岳、硫黄岳、阿弥陀岳、権現岳各1回)、

2回：小蓮華山、立山、真砂岳(1回)、水晶岳(黒岳)(3回)、奥穂高岳、前穂高岳、空木岳、北岳、塩見岳(3回)、富士山(1回)、

2日連続(通過山含)の千枚岳-丸山-悪沢岳-荒川岳-中岳-前岳-小赤石岳、兎岳-中盛丸山である。

日本百名山・真木の百名山で、多数回登ったのは筑波山20回(＋筑波山神社5回)、石鎚山9回、瓶ヶ森7回、

祖母山3回、八幡平2回、寒風山2回、九重山2回である。

　山域(山塊)複数回で最高点1回は赤城山4回(黒檜山1回)、八甲田山3回(大岳1回)、蔵王山3回(熊野岳1回)、那須岳3回(三本槍岳1回)、草津白根山3回(最高点1回)、阿蘇山3回(高岳1回)、飯豊山2回(大日岳1回)、榛名山2回(榛名富士1回)、丹沢山2回(蛭ヶ岳1回)、美ヶ原2回(王ヶ頭1回)、大台ヶ原山2回(日出ヶ岳1回)である。

　なお、百高・名山以外の雨呼山(906m)は、頂上近くまでを含めると30回に及ぶ。

　2017年時点では日本百高山の完全踏破は無理かも知れないと危惧する事もあり、その際には直近からの眺望(写真)や付近の通過で日本百高山を終了するかと考えていた。理由は加齢・体力減退と2600〜2800m高山の登山道が不明確で、登山者少数で時間がかかり、危険性大によるが、登頂可能な高山は全て踏破できたとして、2018年10月、ここに終了した事を報告する。大変ありがたく感無量である。

あとがき

　最後に登山の感想を記述する。登山は本人にとっては非常に重要な事であると思っている。しかし一般的には単なる趣味の1つとしか思えないが、百名山・百高山の達成は、この時点においては最大の重要な目的とその結果の評価・認識であり、最高の目的達成感を味わう事に繋がる。考えれば、単なる自己満足であるかも知れないが、その時点において踏破数が1つひとつ増えていくことは、所謂、達成感であり、何物にもかえがたい喜びである。最終に近づくとその程度は大きくなる一方、百高山では相当程度、危険を伴う登山である。これは喜びと裏返しである。苦労、危険性があれば、達成感は大きいと考えられる。

　以上、踏破して考える事があったが、余り難しい事を考えないで、単純に達成感を喜びたいと思う。この達成は将来の生活・生存への自信、＋の効果、生き甲斐となると思っている。そして将来、登った山を回顧し、楽しみ懐かしみたいと目論んでいる。

　今後の計画としては、日本百名山、日本百高山共に達成したので、高山のピークハンターは止めて、山は適度に登り、自然に親しみ、自然、地形・岩石、植物・植生、気象・雲霧等々を楽しみたいと思っている。

　人生において、後、何年生きられるか判らないが、農業気象環境研究者として、3学会長や多くの学会賞受賞に加え、紫綬褒章と瑞宝中綬章叙勲を受け、概ね満足できる人生であると思う。今後共、趣味としての植物・巨樹観察、写真に加えて登山・山行を糧として、体を守り、残りの人生を有意義に過ごしたいと思っている。感謝・感激である。

　最後に、登山で心配をかけた妻みどりと娘真理子・るり子および、お世話になった姉忠子と先に逝った兄良造・眞二に本書を捧げることでお礼の言葉としたい。

2019年4月5日
つくばの満開の桜花を鑑賞後
　　　　　　　　　　真木　太一

参考文献

秋田 守　2014：『日本百名山 山あるきガイド上・下』
　　　　　　　　　JTBパブリック 東京　pp.223・pp.223.
島口寛之　2014：『遙かなる日本七百名山 山登り一代記』
　　　　　　　　　山と渓谷社　東京　pp.284.
スタジオパラム　2015：『まるごと!筑波山 こだわり完全ガイド』
　　　　　　　　　メイツ出版　東京　pp.128.
塚本良則・塚本靖子　2015：『老夫婦だけで歩いたアルプス ハイキング－
　　　　　　　　　　氷河の地形と自然・人・村－』
　　　　　　　　　山と渓谷社　東京　pp.391.
永田弥太郎　2015：『日本の山はすごい!「山の日」に考える豊かな国土』
　　　　　　　　　山と渓谷社　東京　pp.206.
真木太一　1998：『緑の沙漠を夢見て』
　　　　　　　　　メディアファクトリー　東京　pp.128.
真木太一　2012：『気象・気候からみた沖縄ガイド』
　　　　　　　　　海風社　大阪　南島叢書93　pp.114　写真pp.16.
真木太一　2014：『五十年間の研究の歩み「気象環境・農業気象・人工降
　　　　　　　　　雨・黄砂・大気汚染等の研究業績」』
　　　　　　　　　国際農林水産業研究センター　つくば　pp.100.
真木太一　2018：『自分史－風研究者の記録－』　つくば　pp.74.
真木太一・真木みどり　1992：『砂漠の中のシルクロード－悠久の自然と歴史』
　　　　　　　　　新日本出版　東京　pp.206.
真木太一・真木みどり　2012：『小笠原案内 気象・自然・歴史・文化』
　　　　　　　　　南方新社　鹿児島　小笠原シリーズ6
　　　　　　　　　pp.78　写真pp.16.
真木太一・真木みどり　2014：『自然の風・風の文化』
　　　　　　　　　技報堂出版　東京　pp.164.

著者プロフィール

真木　太一（まき・たいち）

経歴：1944 年 1 月 愛媛県西条市生まれ
　　　68 年 九州大学大学院修士課程修了
　　　68 ～ 85 年 農業技術研究所・農業環境技術研究所
　　　69 ～ 71 年 第 11 次南極観測越冬隊員
　　　77 ～ 78 年 フロリダ大学食糧農業科学研究所
　　　85 年 四国農業試験場、88 年 熱帯農業研究センター
　　　93 年 農業研究センター、95 年 農業環境技術研究所
　　　99 年 愛媛大学教授、2001 年 九州大学教授、07 年 琉球大学教授
　　　07 年 九州大学名誉教授、09 年 筑波大学客員教授
　　　13 年（独）国際農林水産業研究センター特定研究主査
　　　15 年 北海道大学農学研究院研究員 現在に至る
　　　2005 ～ 11 年 内閣府 日本学術会議会員 農学委員会委員長ほか
　　　11 年～現在 日本学術会議連携会員

主著：『風害と防風施設』（文永堂出版）、『風と自然』（開発社）
　　　『農業気象災害と対策』（共著 養賢堂）
　　　『緑の沙漠を夢見て』（メディアファクトリー）
　　　『砂漠の中のシルクロード』（共著 新日本出版）
　　　『大気環境学』（朝倉書店）、『風で読む地球環境』（古今書院）
　　　『風の事典』（共著 丸善出版）、『人工降雨』（共著 技報堂出版）
　　　『黄砂と口蹄疫』（技報堂出版）、『小笠原案内』（共著 南方新社）
　　　『気象・気候からみた沖縄ガイド』（海風社）
　　　『自然の風・風の文化』（共著 技報堂出版）ほか

受賞：1984 年 日本農業気象学会賞
　　　2003 年 日本農学賞、読売農学賞
　　　2005 年 紫綬褒章
　　　2017 年 瑞宝中綬章ほか

学会長：日本農業気象学会会長、日本沙漠学会会長、日本農業工学会会長を歴任

索 引

あ 行

会津駒ヶ岳　90, 91
間ノ岳　22, 75, 78, 115, 116, 120, 121, 127
赤石岳　56-58, 122, 126
赤岩岳　125, 129, 130, 136
赤牛岳　106, 112, 117
赤城山　19, 31, 78, 79
赤沢岳　16, 74, 117, 118, 124
赤沢山　125, 129, 130
赤岳　54
赤椰岳　76
阿寒岳(雌阿寒岳)　107
秋田駒ヶ岳　62
悪沢岳　56-58
旭岳　21, 74
朝日岳　91, 92, 110
朝日岳(大朝日岳)　92
浅間山(黒斑山)　88
アサヨ峰　113
吾妻小富士　25, 26
四阿山　82
吾妻山　39, 40, 81, 137
阿蘇山　17, 44, 45, 138, 139
安達太良山　81
安倍荒倉岳　125, 127
雨飾山　103
天城山(万三郎岳)　84
雨引山　67
雨呼山　33, 34, 36-38
阿弥陀岳　54, 55, 113, 114
荒川中岳　57
荒川東岳　57
荒島岳(大野富士)　84
アルプス　18-20, 22, 48, 80, 96, 107, 114, 119, 128, 131, 132
飯豊山　94, 136, 137
飯豊本山　94, 137
飯野山　27
硫黄岳　54, 77

石鎚山　12-15, 27, 31, 32, 36, 37, 42, 43, 52, 139
伊吹山　83
伊予富士　36, 37
易老岳　101, 102
岩木山　30, 68
岩手山(薬師岳)　77
岩屋寺　42
魚沼駒ヶ岳　89, 90
兎岳　75, 122, 125, 126
空木岳　69, 70, 75, 76
美ヶ原　30, 31, 86, 87
雲仙岳　43
エアーズロック　37
越後駒ヶ岳　90
恵那山　86
烏帽子岳　64, 104, 105
王ヶ頭　87
王滝山　55
大朝日岳　92
大川山　27
大樺沢　118
大籠岳　116, 117, 125, 127, 128
大沢岳　58, 125, 126
大台ヶ原　50, 83
大滝根山　33
大岳　77
大岳山　15, 85
大汝山　20, 46
大野ヶ原　27
大喰岳　23-25
大峰山(八経ヶ岳)　83
大山　16, 39
隠岐島　60
奥白根山　38, 79, 80
奥穂高岳　16, 24, 25
小河内岳　104, 105
尾瀬沼　17, 39, 56
大天井岳　66, 124

161

御嶽　25, 41, 48, 55, 73, 85, 86

か 行

甲斐駒ヶ岳　14, 49, 87
開聞岳　76, 77
火焔山　28, 29
笠ヶ岳　72, 73, 124
鹿島槍ヶ岳　73, 74, 135
月山　26, 91
加波山　25, 60, 61
上河内岳　58, 101, 102
瓶ヶ森　13-15, 31, 32, 36, 41, 43, 139
韓国岳　76
カラクリ湖　28
涸沢岳　23-25
唐松岳　96, 97
観音平　113, 114
観音岳　78
寒風山　41, 112, 113
木曽駒ヶ岳　41, 69, 87, 123
北荒川岳　104, 125, 127
北岳　14, 22, 78, 80, 104, 116-118, 120, 121, 124, 127
北穂高岳　23-25
北俣岳　59, 104
経ヶ岳　45
霧ヶ峰　86, 87
霧島山　15, 46, 76
金時山　111, 112
金峰山　87, 88
草津白根山　23, 82, 88
久住山　17, 48
九重山　17, 48
国見山　35
熊沢岳　69-71
熊野岳　33
雲取山　80
鞍馬山　50
車山　87
黒河内岳　128, 131
黒岳　39, 47, 63, 106
黒檜山　78
黒斑山　88, 89
黒部五郎岳　72, 73, 124, 132
鶏足山　112
欅平　20
剣ヶ峰　14, 25, 33, 40, 54, 55, 79, 94, 136, 137
黄山　28, 29
蝙蝠岳　104
五家原岳　45
虚空蔵山　45
小河内岳　104, 105
御在所岳　31
越百山　70, 76
御前峰　48
狐鷹森　18
小太郎山　120, 121, 124
甲武信岳　87, 88
駒津峰　49
五竜岳　96, 97
小蓮華山　65, 74
権現岳　55, 113
崑崙山口　34

さ 行

蔵王山　33, 36-38, 95
笹ヶ峰　18, 31, 41, 98, 99
笹山　116, 125, 128, 131
皿ヶ嶺　41
三郡山　44
三ノ沢岳　69
三伏峠　59, 104, 105
三伏山　59
三本槍岳　110
爺ヶ岳　73, 74
祖父岳　63, 106, 132
塩見岳　59, 104, 105, 120, 121, 127
地蔵岳　78
七島(火山)展望台　51
柴安嵓　17
至仏山　17
ジャガラモガラ　33, 34, 36-38, 40
杓子岳　65

斜里岳　107, 108, 110
将棊頭山　123
成就社　27, 43, 52
常念岳　66, 67
称名滝　20, 47, 66, 136
後方羊蹄山　95
白馬岳　20, 61, 65, 74, 82
白馬鑓ヶ岳　61, 65
白河内岳　116, 128
新蛇抜山　125, 127
水晶岳　63, 64, 106, 117
皇海山　78-80
双六岳　72, 73, 124
スバリ岳　117
セコイア公園　21
脊振山　44
仙涯嶺　75, 76
仙丈ヶ岳　49
仙丈岳　49, 55, 87, 104, 134
千本木山　27
千枚岳　57
相馬岳　85
祖母山　47

た　行

大雪山　21
大山(弥山)　40
大天井岳　66, 124
大日岳　75, 95, 135-137, 139
大菩薩岳　18, 80
高尾山　67, 68
高岳　138, 139
高妻山　103, 111
鷹取山　44
高縄山　42
高峯　86
高嶺　78
立花山　43
蓼科山　86
立山　16, 19, 20, 32, 46, 47, 61, 63, 64, 66, 68, 74, 75, 117, 134-136
立山(雄山)　20, 32, 46

谷川岳　22
多良岳　45
太郎平　63, 65, 66, 72, 106, 132
丹沢山　39, 69
父島　52, 53
中央山　52
乳房杉　60
乳房山　53
茶臼岳　25, 101, 102, 110
鳥海山　51, 93, 94
蝶ヶ岳　114
月居山　25
筑波山　20, 25, 27, 28, 30, 33, 34, 49, 55, 56, 60, 61, 67, 69, 86, 112, 124, 125, 139
土樽　19
土湯峠　25
燕岳　66
燕山　25
劒御前　46, 134, 135
劒(剣)岳　16, 46, 47, 61, 68, 74, 117, 135, 136
剣山　26
光岳　101, 102
天狗岳　13-15, 27, 32, 37, 42, 139
天山　28, 29, 45
東平　42, 52
戸隠山　111, 112
十勝岳　71, 72, 95, 96
トムラウシ　71, 72

な　行

苗場山　89
中白根山　22, 75, 116, 127
中岳　17, 23-25, 48, 56-58, 69, 123, 138
中盛丸山　122, 125, 126
那須岳　25, 52, 110, 112
南山牧場　28, 29
男体山　33, 49, 56, 61, 79, 80, 86, 125, 139
難台山　86

163

西赤石山　42
西吾妻山　81
西岳　111, 125, 129, 130
西農鳥岳　22, 75, 116, 128
西ノ島　60
西穂高岳　64, 65
日光白根山　38
日原鍾乳洞　67
二ノ森　37
日本百高山　55, 135, 136, 139
日本百名山　55, 66, 102, 109, 110, 139
女体山　30, 33, 49, 56, 61, 86, 124, 125
農鳥岳　22, 75, 115, 116, 127, 128
抜戸岳　72, 73
野口五郎岳　63, 64, 106, 107, 132, 133
鋸岳　89, 115, 124, 134, 136
乗鞍岳　24, 25, 34, 53-55, 65, 73, 74

は　行

祖母岳　132
白山(御前峰)　48
羽黒山　26, 44
箱根駒ヶ岳　85
箱根山・神山　85
八丈富士　40
八幡平　22, 62, 63
八経ヶ岳　83
八甲田山　23, 30, 77
八方睨　83, 111
母島　52
早池峰　78, 90
針ノ木岳　74, 117
榛名山　31, 67
榛名富士　67
半月山　25, 51
万三郎岳　84
磐梯山　18, 81, 82, 137
燧岳　17
火打山　98, 99
東川岳　69, 70
東天井岳　66
英彦山　44

聖岳　58, 59, 101, 102, 121-123, 125, 126
檜枝岐　53, 90, 91
檜尾岳　69-71
日出ヶ岳　83
平尾台カルスト　48
平ヶ岳　90, 91
蛭ヶ岳　39, 69
広河内岳　75, 115, 116, 127, 128
日和田山　124
風穴　14, 33-38, 40, 41, 47, 53, 72, 73, 124, 130
武甲山　112
富士山　14, 16, 18, 22, 23, 25, 32, 33, 48, 55, 57, 63, 69, 74, 76, 78, 80, 82, 84, 85, 111, 112, 116, 121
別山　19, 20, 46, 47, 134, 135
鳳凰山　78
宝剣岳　69, 70, 123
宝満山　44
穂高岳　16, 20, 23-25, 64, 65, 82, 87, 114, 129
武尊山　78, 79
幌尻岳　99, 100
本谷山　59, 104, 105

ま　行

前岳　45, 57, 58, 70
前聖岳　58, 122, 125
前穂高岳　16, 24, 25
真木の百名山　13, 66, 109, 139
巻機山　89, 90
真砂岳　19, 20, 46, 63, 124, 125, 132, 133, 135
岨嵩　17
摩利支天山　55
丸山　57, 58, 64, 73
御蔵島　50, 52
瑞牆山　87, 88
弥山　13, 32, 40, 60, 83
御岳山　15, 67, 85
三ツ岳　63, 64, 106, 107, 112, 132, 133

三ツ峠山　16
三俣蓮華岳　72, 73, 124
南駒ヶ岳　70, 75, 76
南岳　23-25
南真砂岳　125, 132, 133
三峰岳　127
耳納山　44
三宅島　50-52
宮之浦岳　35
妙義山　31, 67, 85, 112
妙高山　98, 99
室堂　15, 16, 20, 32, 46-48, 68, 75, 134, 135
雌阿寒岳　107, 110
藻岩山　68
本白根山　82, 88
樅沢岳　123, 124

龍王岳　75
両神山　80, 81
蓮華岳　117

わ行

若杉山　46
鷲羽岳　63, 124

や行

八重岳　50
薬師岳　62, 63, 65, 77, 78, 81, 117
ヤクスギランド　36, 48
焼岳　16, 25, 73, 92, 93, 114
夜叉神峠　14, 78
八ヶ岳　48, 54, 55, 59, 87, 88, 113, 114
弥彦山　30
八溝山　29
槍ヶ岳　23-25, 63, 64, 73, 74, 114, 124, 129, 130
ユングフラウ　19
羊蹄山　95
横岳　54
横通岳　66
与那嶺岳　49

ら行

羅臼岳　107-110
利尻山　15, 97, 98
利尻岳　97, 98
竜王山　27

75歳・心臓身障者の日本百名山・百高山単独行

2019年6月15日 初版発行

著　者	真木太一
発行者	作井文子
発行所	株式会社 海風社

〒550-0011　大阪市西区阿波座1-9-9 阿波座パークビル701
ＴＥＬ　　06-6541-1807
印刷・製本　　モリモト印刷株式会社

2019© Maki Taichi　　ISBN978‐4‐87616‐059-4 C0026

◉南島叢書93

気象・気候からみた
沖縄ガイド

気候理解し、沖縄楽しんで！

定価 1400 円＋税　並製・B6 判・118 頁

真木 太一 著　　ISBN978-4-87616-021-1

意外と知られていない沖縄・宮古・八重山…の天候。
気象を知り尽くした真木太一博士が沖縄の気象と気候を具体的な研究データを駆使して
分かりやすく解説しながら、「とっておき」の旅の見どころとタイミングを紹介する、
「天候を知れば、旅が10倍楽しくなる」安全で楽しい旅のためのガイド本！

```
まえがき
沖縄の地理的・地形的特徴
沖縄の気候の特徴
　沖縄の気候概要と気候区分/沖縄・那覇と諸外国との気候の比較/
　沖縄と本土との気候の比較/沖縄の季節変化/コラム1 爆弾低気圧/
　コラム2 ジェット気流/沖縄の台風と竜巻/沖縄の干ばつ/コラム3 人工降雨
沖縄の歴史的・文化的特徴
　沖縄の中秋の名月/沖縄の冬の行事/世界自然・文化遺産
沖縄の詳しい気象と気候
　気温/コラム4 沖縄のサクラ/降水量(雨量)/コラム5 沖縄の県花のデイゴ/
　相対湿度と水蒸気圧/コラム6 1963年の異常気象/風速と風向/
　コラム7 沖縄の農業/日照時間と日射量/コラム8 長寿県沖縄の変化/
　海面気圧/コラム9 琉球舞踊/雲量、雷・霧・雪日数
沖縄の生物と生物多様性
沖縄・八重山の季節変化と自然
　冬：1～2月/春：3～5月/コラム10 石垣島の気象観測の恩人達/
　夏：6～8月/秋：9～11月/コラム11 長命草/冬：12月～1月/コラム12 竜巻
あとがき
引用・参考文献
索引
```